《Golden Trip 黃金之旅》

一段關於毛小孩、陪伴與自我和解的故事

Dedicated to Money

@ golden__trip

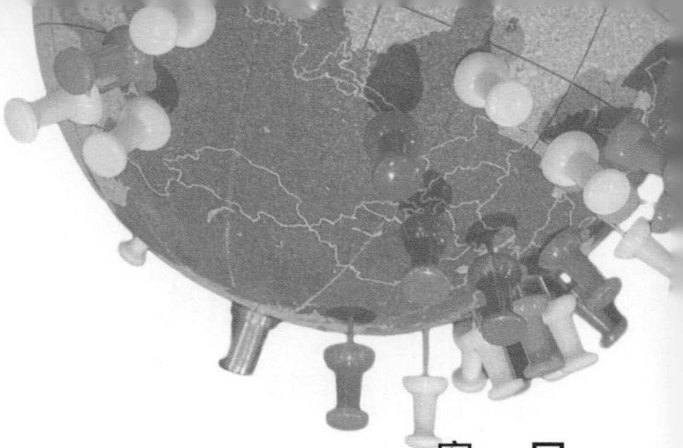

目錄

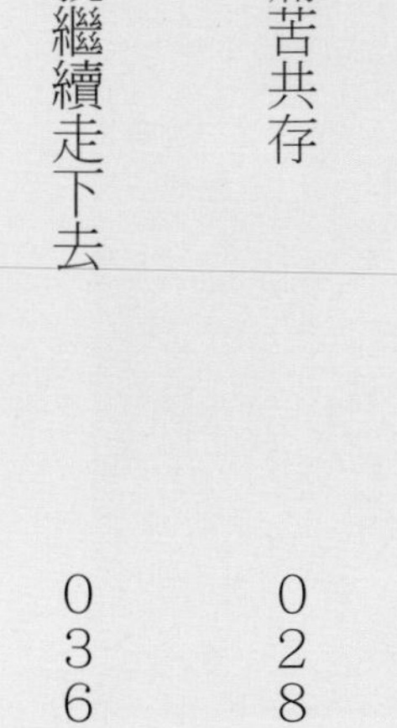

第二章 行走・放空・沉澱

第三章 上天的禮物_Money

第四章　總會有些好時候

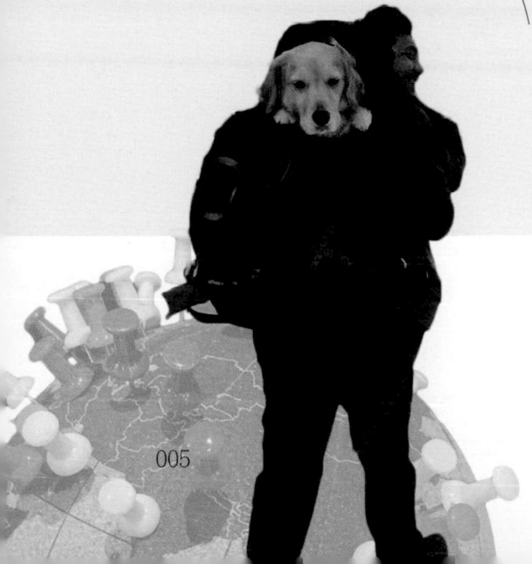

寫在前面　作為一個登山者

每個挑戰極限的人，背後總有一個悲傷的故事。

爬山的過程中，身體的痠痛疲倦、高山症狀一波接著一波出現。不過哪怕身體如此不舒服，我的內心卻非常平靜。手機沒有訊號、沒有任何人找得到我。在山上的生活很純粹，沿路的風景伴隨緯度越高越加相似，為了登頂，我們每天只要做好一件事，就是拖著疼痛痠麻不堪的腳繼續前進。

登山者的生活很簡單，太陽升起就開始爬山，太陽落下就休息。晚上大夥圍繞在小屋裡的公共暖爐前面，輕鬆閒聊，分享著彼此爬山的理由。有的人是為了冒險、有的人是為了體驗生活、而有的人跟我一樣，在日常生活中遭受挫敗，受夠了都市的紛紛擾擾，需要尋找在水泥都市沒有體驗到的自然感受，他們往往在旅程中用大量的時間跟自己溝通，邊邁開步伐，邊回憶過往，同時學著釋懷。

與其說是自我療癒，不如說我在山中學會與自我相處，山林就像一個音箱，將內心的痛苦釋放出去，同時也將痛苦迴盪回來，讓我們在冷靜過後重新反思所遇到的問題。回顧一生，從來沒害人的心思。打從做房地產開始，就是秉持著為沒有家的人尋一個歸宿。但為何命運多舛，讓我總遇到不適合的夥伴。藉由爬山一步步自我對話、一步步復原、一步步將那些怨懟放下。廣袤的自然總能讓人體悟到自己的渺小，也唯有在瀕臨死亡的那一刻，你才會想到真正在乎的人。

伴隨著爬山給的思考，我漸漸發現，我最思念的人竟是我的狗女兒Money，在我漫漫人生中，唯獨她始終不離不棄的陪伴著我。雖然她並不懂得人類的語言，也不可能開口和我說話，但無論我做什麼事情，她都會陪著我。我並不是萬能，有許多事憑我自己一人是無法獨自完成。過去的我總將希望寄託在他人上，後來暗中遭人暗算。只有Money在我面對挫折沮喪時，陪在我身邊，正是因為Money毫無保留的愛，我才能從痛苦中釋懷，並且重新振奮，勇往直前。

記得當時，看著喜馬拉雅山上的風景時，前所未有的巨大空虛及孤單包圍著我，我多希望Money此時此刻能在我身邊，我想跟她分享這一片美景可惜她遠在台灣。所以下山遊歷回台後，我決心帶著Money四處旅行，並在旅途上與那些心靈受傷的人們相遇，讓Money的無私和樂觀，鼓勵那些疲憊的人們，給他們勇氣重返自己的生活。

Golden Trip 黃金之旅：
一段關於毛小孩、陪伴與自我和解的故事

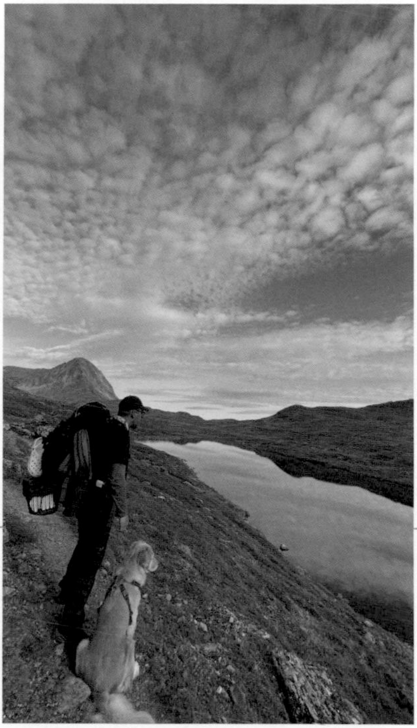

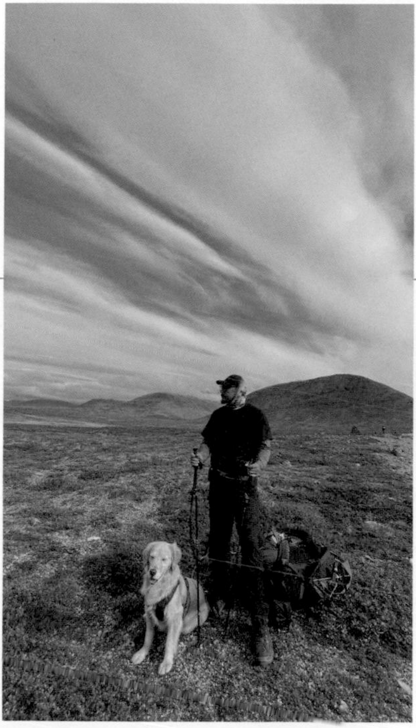

#瑞典國王小徑

第一章　命中注定的旅程

1、抵達：加德滿都；1350m

「長夜漫漫，輾轉難眠，我躺在床上想著何時該起來。在這人生地不熟的尼泊爾，過往猶如苔癬蔓延上心頭，那些傷口尚未結痂，仍舊隱隱作痛。年日飛逝，毫無盼望。」

偌大的雙人床，半夢半醒之間，我轉身撫摸熟悉的位置，而習慣睡在我身旁的 Money 卻不在，那瞬間寂寞猶如黑洞將我吞噬。翻來覆去，腦中不斷浮現早上剛到加德滿都時的畫面：飛機降落、辦理入關手續、等待旋轉盤轉出我的行李、找到行李將他抬下轉盤，過於沉重的是行李，還是壓在身上的枷鎖？這張單程機票，回去或不回去，我無法掌握，就像我努力大半輩子似乎也沒能掌握些甚麼。

一出機場，艷陽高照迎面而來，連門口吹出的冷氣都混雜著炎熱的氣味，這是我第一次來到尼泊爾這個國家。接機處一位矮矮黑黑的當地人，手中拿著寫有我名字的厚紙板，四處張望尋得我的身影。看著他，這才有真實感，彷彿上一秒還在台灣家裡的沙發上，隨意更換Netflix，切到紀錄片《勇闖世界十四高峰：挑戰不可能》（Gabriel Clarke，二〇二一），正要開始看，下一秒我就到這個陌生的國度。

推著行李，我走向這個黑黑矮矮的當地人，用英文簡單告訴他我是Han，他一聽立刻用熱情的堆滿笑容歡迎我。

「你好，我的名字叫Shankar，你就是韓先生吧！我是旅行社派來的人，之後這幾天一直到你挑戰完聖母峰，我都是你

勇闖世界十四高峰：挑戰不可能

的嚮導，如果有什麼需要都可以跟我說。來吧，我幫你拿點行李，我先帶你去今晚下榻的旅店放個東西，再帶你去附近逛逛，補給這幾天需要用到的物資。」Shankar 邊說便順手接過我手上的行李，說真的，如果不是他知道我的名字並以旅行社的名義接待，我還真怕下一秒他拿著行李拔腿就跑。接過行李後，他將手裡準備已久，菊花串成的花圈套在我頭上。

#Shankar　# 我的嚮導

Shankar 叫我在原地等他一下，他找人載我們去旅店，在等他回來期間，沿街小販竟在不知不覺間慢慢聚集到我身旁，一一推銷產品。他們七嘴八舌用著口音很重的英文介紹，團團將我圍住形成人牆，用著不掏錢他們絕不罷休的氣勢，一手拿紀念品一手伸向我討錢。俯瞰著這群黝黑嬌小的人，再轉頭看著身旁其他也被團團圍住的旅客，旅客身上明煌煌的菊花項圈格外醒目，心想完了，該不會運氣這麼好，剛剛那個名叫 Shankar 的男人是這群人的首領，菊花項圈是他們註記肥羊的標記，想到這我將身上的包包抱得更緊，一一回絕並試圖擠出人牆。此時，Shankar 急匆匆的跑來，並用方言向那群小販說了幾句，小販聽了帶著不悅的神情紛紛鳥獸散。

Shankar 領著我上了一台車況堪憂、座位極小的計程車，車上我詢問 Shankar 帶這個花圈的用意是什麼，他說這種花圈有迎賓作用，是尼泊爾藏傳佛教的一種普遍而崇高的禮節，新鮮的萬壽菊串聯而成的花圈，表示對來訪者的尊敬、歡迎與愛戴。但對我來說，戴上花圈就像獵物的標記；告訴當地商家我是觀光客，歡迎來推銷，雖然不甚愉快倒也是種新奇的體驗。

往旅店的路上，映入眼簾的是滿街一台台，宛若電影內才會看到，恰似經過激烈戰爭般即將要報廢的小汽車，他們或許只是換個引擎就又繼續上路。甚麼牌子都有，上到賓士下到裕隆，往往一台車你就能找到好幾個國際大牌的影子。除了車子，在尼泊爾的大街上所有你能想到的動物也都有，有些拿來當坐騎，有些單純是寵物。無論大車小車，小隻驢大隻馬，車跟動物看似失序的穿梭在大街小巷，伴隨此起彼落

#尼泊爾　#第一天

的驢叫馬嘯、拼裝車喇叭聲，十分混亂的道路卻不見事故發生。他們不是沒有紅綠燈，但紅綠燈就像路燈或裝飾藝術，來來往往沒有人遵守指示，彷彿沒有任何的規矩，只要能過得去就好。仰頭一條條外露的電線以及隨地的垃圾，是我旅遊的眾多國家中，首都最「反古」僅次於印度的國家。

張開眼睛，起身倒了杯水，看著窗外因午夜而安靜下來的加德滿都，萬籟俱寂，你會無法想像白天的他是如此喧囂熱鬧。下午抵達旅館，辦理入住並將行李安置好後，Shankar 帶我來到當地商店街，為接下來旅程中可能需要的物資進行採買。商店林立，各式各樣五花八門的產品擺設其中，人來人往的路上伴隨大大小小宗教建築。我問 Shankar 尼泊爾人主要都信甚麼教，為甚麼有這麼多寺廟？Shankar 答：「尼泊爾人主要信奉印度教，基督教、藏傳佛教、伊斯蘭教的信眾也不少，因為寺廟繁多，還被外國遊客戲稱為受眾神庇護圍繞，最接近天堂的國度。」

Shankar 順勢領我進一間大廟，不同於台灣的廟宇陳設以交趾陶跟木雕為主。在尼泊爾，各處寺廟內都設有許多銘刻佛教經文的圓筒，翻譯成中文叫做轉經輪。

「對我們來說，轉動經輪一回，等於誦讀一遍經文，轉一次，勝過修持波羅蜜一千年。我們被世界認定為最貧窮的國家之一，轉經輪最初設計的理念就是為了讓不識字的信徒也能念經，因此開發了以轉動經文代替朗誦經文的轉經輪。」Shankar 邊苦笑邊說，隨後他叫我

#Pashupatinath　# 濕婆神

也去轉一下，為接下來的旅程祈福，我照做了，但內心卻對接下來未知的旅程沒有感覺，沒有擔憂也沒有害怕，只有一直揮散不去的苦澀圍繞心頭，我不在乎旅程接下來會面臨的任何困難，只祈求遠台灣的家人以及Money平安。

躺回床上，下陷的床墊及破舊的床單，房間內微微散發的霉味，我不禁苦笑，橫跨幾千公里來到這個沒人認識的地方，這才想起台灣的溫暖，曾聽聞人說「你得不斷流浪才會一直想家」，現在的我好想台灣，好想Money。每當我難過或覺得孤單

#Sankhadhar park # 皇宮

時，Money 總會察覺並無聲無息的靠在我身邊，給予我溫暖。記得剛創業時，除了店面完整，其他一片空白，沒有任何資金，創業第一天，就得開始擔心下個月的房租不知道在哪，每天天一亮就出門發傳單開發新客源，晚上則是忙到三更半夜才拖著疲憊的身軀回家。在外奔波一天回到公司後，迎面而來的是 Money 的笑顏，她總會熱情的叼著她的玩具，搖著尾巴跑來門口迎接我，看著她的笑容，整天的疲憊都減輕大半，有時太累，跟她玩著

#Money 三個月

玩著就睡在地板上直到隔天，起床第一眼就是她枕在我身旁，陪我睡在地板睡了一夜，那瞬間，我彷彿又有力量面對新的一天。

就是要抱抱

我們共睡一個枕頭

2、攀登：盧卡拉：2840m

「叮叮叮」旅店的 Morning call 震耳欲聾，我馬上起身接起；「先生，起床咯，我們要去機場搭飛機了」Shankar 的聲音從黑漆漆的話筒傳出，原來我剛剛睡著了。迷迷糊糊中，我拿起行囊跟房卡出了房間，幸好昨日 Shankar 除了帶我去逛寺廟，還領我去當地的市集採買物資，並教我將行李分裝成兩大包，一包麻煩當地的雪巴人挑夫幫我負重行李，一包輕便隨身攜帶。

凌晨，我們從酒店出發，乘飛機到盧卡拉（Lukla）機場，上飛機前看著外觀如此「輕巧」的飛機，我一度詢問 Shankar 可否改搭直升機，Shankar 笑說「沒事的先生，我都搭好幾十次了，現在還活著」進到飛機，內部比想像中還壅擠，一排可以坐兩到三個人，約莫六排左右，整架飛機僅能載送不到二十位的乘客。啟程後，因機內隔音效果不佳，引擎聲驚天動地，加上機身較小，容易受氣流影響，整段路程劇烈顛簸，十分不舒服，不到一小時的航程，對於機上的乘客而言簡直是度日如年。

下飛機後我問 Shankar，你搭這麼多次這種簡易的飛機，難道都不會害怕嗎，他語帶幽默地回答：「不會不會，只有出過幾次事故而已。」語畢我們兩個捧腹大笑，後來查資料才知道，因為氣象條件複雜等因素，這裡是全世界最危險的機場之一，難怪人家才說想挑戰聖母峰，先活著到盧卡拉（Lukla）再說。

#Lukla 機場

3、父愛：比海更深的溫柔

我們從盧卡拉（Lukla）啟程，這次的目的地是登頂聖母峰大本營，出發沒多久，路邊四、五個相互編髮的女生吸引了我的目光，她們身穿傳統服飾，口中哼著不成調的歌，恰似當地民謠，最大的年齡看起來也不超過十五歲，我問 Shankar 她們是當地的小孩嗎？Shankar 露出了無奈的笑容說：「不是，她們全都結婚了。」我聽了驚訝不已，若在台灣這些小孩應該都還在讀書，還是學生的年紀，怎麼就出嫁了，Shankar 搖搖頭無奈的回答。

「雖然尼泊爾的小學是義務教育，但普遍家境不太好的學生時常會因家裡農物忙不過來，請假在家幫忙，若不幫忙甚至沒有餘裕供自己讀書。除了家中經濟無法供給，公立學校距離遙遠也是個問題，在盧卡拉（Lukla），小孩每天都要走四到五小時去公立上學，加上師資和教室不足，雖然尼泊爾的公立學校會將學生分成三級，從一到十二年級，但教室沒這麼多，導致全部的學生全部擠在同一間狹小昏暗的教室裡一起讀書，基本上畢業即就業。」Shankar 說。

「那有私立學校嗎？」我接著問。

「當然有，先生，尼泊爾的公立學校基本上很不好，所以有能力的父母總會想辦法把自己的小孩送進私立學校。再加上，雖然尼泊爾法律規定的最低結婚年齡為二十歲，但仍有很高比例的女孩在十八歲以前結婚，甚至有些十五歲不到，就

左邊兩位居然結婚了 lol... 我在幹嘛？

被父母以結婚的名義賣掉。在尼泊爾的社會中，女孩比男孩來得沒價值，女兒被家庭視為「沉重地負擔」，只能藉由婚姻盡快解除家庭壓力。」Shankar 回答。

「Shankar 你有小孩嗎」我邊前行邊問。

「有啊！我有兩個女兒」Shankar 笑著從口袋拿出一個錢包，並將錢包內一家四口的合照遞給我，照片中兩女孩看上去約莫8、9歲，也是該上學的年紀，我接著問「既然尼泊爾的公立教育這麼短缺，你有讓你女兒去上學嗎？」

＃要去上學的女孩
＃每日五小時的路程 respect.....

「當然有，先生」Shankar 收起一貫笑容嚴肅的說到「我當嚮導的薪水雖然不多，但足夠供應我的兩個小公主去上私立小學，雖然私立學校的學費是公立學校的好幾倍，但在那邊她們才有足夠的資源，好好讀書。雖然我沒讀什麼書，但我當嚮導也很久了，旅客來來去去，從他們身上，我看到了這個世界很大，雖然我可能這輩子離不開這個地方，但我希望我的寶貝們有能力走出尼泊爾，去看看這個世界。」說完 Shankar 笑了，露出溫暖且滿足的笑容，看著他憨厚的臉龐，我不禁想到遠在台灣的 Money，我一直將她視為女兒，所以我懂那種盡全力，只為了盡自己所能，將世界最美好的東西給最愛的人的感覺。

我曾夢想帶著 Money 環遊世界，一起體驗及挑戰，我相信沒有甚麼事情可以難倒我們。能讓她看見這世界的美，也許這就是父愛。

4、適應：與痛苦共存

啟程不到三個小時，Shankar 就說要休息，適應一下高度，我當時什麼都不懂，傻呼呼地想說還不累，怎麼不再多走兩個小時再休息，心裡想只是爬升個一、兩百公尺，身體應該撐得下去，想不到當天晚上，災難性的時刻就上前敲門。

傍晚過後，我開始頭痛欲裂，吃了無數頭痛藥都無效，腦漿彷彿都在腦殼內敲門想跑出來，稀里糊塗吃了點晚餐，早早就休息。當天晚上頭痛引發連鎖反應，全身上下無一處舒服，再來聖母峰之前的訓練期，也曾發生過一樣的事，當時同行朋友一發現我的不適，便連忙送醫，醫生說我的高山症反應大於其他人，建議要多加注意，但我依舊來到這個地方，對我來說，生命已沒有那些糟心事來的重要，正當腦中浮現我可能撐不下去，要死在這邊的念頭時，Money 的叫聲突然傳入耳中，或許是痛到極致出現幻覺，我竟看到她咬著我的袖子拉我起身，彷彿在叫我要振作。

「人得置之死地而後生」，在這幾千公尺之上的荒野，我才意識到這句話的重量，就算我被全世界背叛，但仍然有一個把我當生命最重要的生物存在，那就是Money，她還癡癡地在家等著我回去，若我真的出事，誰來照顧她，打從養她的哪一刻，我就許諾她要好好照顧她這一生，寧可全世界負我，我不願負她一隻狗。

我起身，想起進山前所查的資料有提及：多喝

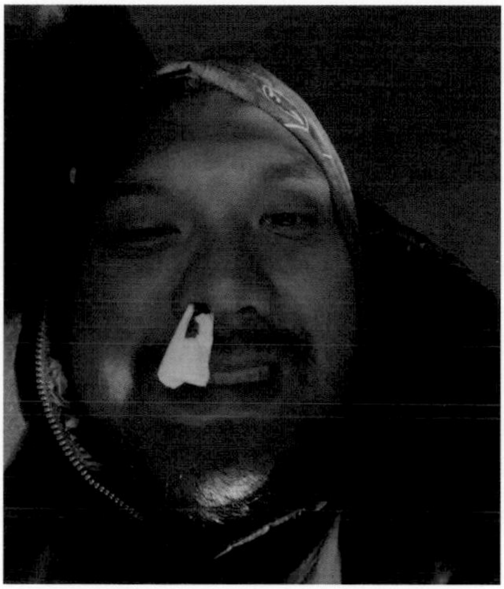

高山症　# 頭痛欲裂

水並將水排出體內，可以把鹼性物質從身體排出去，增加身體進氧率，來減少高山症（急性高原反應）。不誇張，當天晚上我跑了應該有超過二十次廁所，喝了七到八公升的水，在極大的求生意志及整夜自救下，隔天症狀果然好轉。別說我因為身體不適，整夜沒睡，陪在我身旁的 Shankar 也擔心了整夜，只要我起床上廁所，他馬上就會問「先生，還好嗎？有比較舒服嗎？」說真的，他是個很好的嚮導。

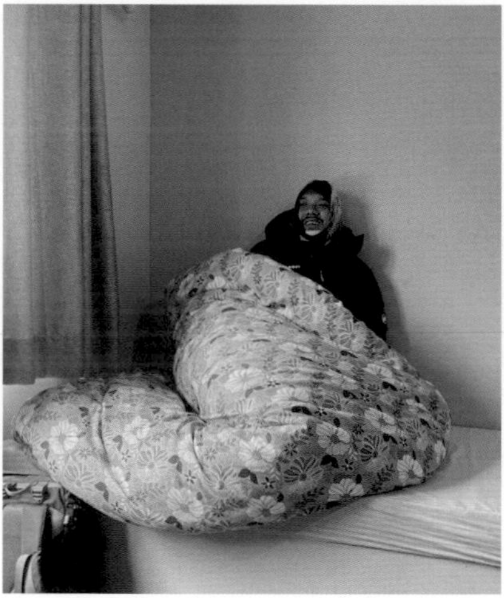

整夜腹瀉
四肢無力像被卡車撞到

第二天，我們只走了六小時，伴隨海拔逐漸爬升，晚上入住下塌處時，頭再次痛到無法思考，當地人看到我奄奄一息的模樣也都非常緊張，顧不上收費，只是不斷投以食物、水、補給品以及照顧，緊張的神情將我宛若家人般對待。他們親切質樸，沒有甚麼壞心思，也不會趁人之危撈一筆，各個都真心希望自己能夠幫上忙，讓我盡快好起來，這種精神現在回想著實令人感動。

第三天，我漸漸習慣高山的壓力，雖然偶爾還是會頭痛流鼻血，但終於可以從一個休息站撐到另一個休息站。這天下榻在超越小屋（Chheplung），我們遇到一位當地女老

還是要帥一下吧 ^_^

闆。她對我很好，見我不舒服，不但不停噓寒問暖，還請我吃東西，我們暢聊許多，我問她這一路上看見許多店家不是關門就是倒閉，生意這麼不好，他們怎麼生存，她回答：「疫情之前，每天都有許多來自世界各地的旅客慕名而來，平均一天都有三十到四十組客人，別說旅店，連提供吃飯的餐廳都被擠得水洩不通，若沒訂位，晚上可能連床都沒得睡，只能在路邊紮營，或依傍石頭避避狂風。」因為疫情，她們的生計也大受影響，我們天南地北聊了許多，最後她甚至免費讓我住到她的飯店內。

熱情女老闆　# 感覺她很喜歡我 .....
#Shankar 說她是富婆，可以挑男人。

「先生，女老闆好像很喜歡你，我從沒見過她對哪個登山客這麼好，你乾脆娶她留下來跟我一起當嚮導」躺在床上，Shankar 開玩笑地說著，我問 Shankar 她為什麼很厲害，Shankar 說：「這個女老闆很有錢，是當地的名人，她在這開了好幾家飯店。我們這邊女性比男性人口少，「一妻多夫」是很常見的，女性對家庭來說就是附屬品，對貧窮的家庭來說，兄弟們共同娶一個妻子可以節省開支。一個女性最多可以有五個丈夫，而妻子則要公平對待這些丈夫們，若今天輪到和誰行房，就會把自己的鞋子放房間外面。因為是親兄弟，血脈都一樣，生下來的小孩也共同扶養。這個女老闆到這個年紀還單身，而且有挑選男人的權利，這在尼泊爾是很厲害的事情。」

我笑了笑沒說什麼就闔眼休息，閉上眼睛 Money 的身影又出現在我腦海，他像往常一般叼著玩具來到了我身旁，想辦法擠進我和沙發間的縫隙，感受到她的體溫讓我感到安心，抑或者是因為女老闆的照顧讓我的症狀減緩了不少，那晚我睡得很好。

遠遠看聖母峰　# 山就在那邊 !!

5、時間：那就繼續走下去

爬山的過程很安靜也很單純，同時也有些乏味，專注於呼吸、留意腳步、幻想 Money 在我身邊，以及與之對話，痛苦不會突然消失，得用時間去釋懷。在這荒涼的山野，除了享受秀麗景緻，你最能做的就是將那些湧上心頭的不好回憶，一一丟在沿途。就像玩電玩遊戲，那些磨難就是怪物，會不斷出現在腦海打轉，而你只能用每一次抬腳去粉碎他。看似無聊的路程，其實是自己與心魔作戰的旅程。

唯一能打斷幻想的是有直升機出現天際時，我跟 Shankar、挑夫還有同行夥伴就會停來，大家花個十分鐘左右的時間，開始找話尬聊，先猜猜直升機要去哪裡，上山或下山，再猜猜直升機上來是要幹嘛的，載建材、載食物、物資，還是來載人。我們還會調侃一下說，他應該再飛五分鐘就到下一個城鎮了，我們得再走五小時。

體能限制的關係，大家幾乎不會邊爬邊聊天，這樣一個山難頻繁的地方，不是那麼輕鬆的郊遊場合，挑夫體力絕佳，永遠都是走在最前面探路，但他同時會注意距離，相隔太遠就會停下來休息，等我們慢慢迎頭趕上，而嚮導 Shankar 則陪在我身邊，隨時警戒。

因為海拔較高，早上出發時步道幾乎都會殘留著前天晚上凝結的薄薄積雪，若不小心很容易滑倒，我也不意外滑倒了幾次。這些登山路不是平穩鋪就的柏油路面，在這荒山遍野，人都很難上來更何況工程車，滑倒了不是拍拍就好，眼前一望

遠往直前

無際的山道，都是動物糞便加上登山者日積月累、踩踏出來的林道，沾到根本洗不掉，氣味還相當濃重，加上水資源稀缺，爬山過程十幾天，根本找不到地方沐浴梳洗，剛開始我還感到崩潰，到後來也就漸漸麻木釋懷了，果然時間會沖淡一切。

一步一腳印

爬山是與自己內心對話最好的時候，
進了山，再大的事都變成小事。

--HAN

6、迷失：生命中的巔峰與低谷

「先生，台灣是一個怎麼樣的地方，你是我接的第一個台灣客人，我只聽過這個國家從來沒去過。」休息時，Shankar 遞給我一杯水好奇的問。

休息是為了走更長遠的路

「不予置評」我忿忿的回答，Shankar 拍拍我的肩。

「你在台灣發生了什麼事嗎？」Shankar 擔憂的繼續問。

「Shankar 你猜猜，我在台灣是做什麼的？」我反問 Shankar。

「我不知道，但你一定不是嚮導。」Shankar 講完，我們一同哄堂大笑，笑聲沿著山谷傳了出去，或許遠方的遊客也會聽到。強忍著疼痛，我跟他說「我曾是一位仲介，專門賣房子的，而且很成功，還有了一隻狗女兒名叫 Money。」

「那你怎麼放得下一切，跑來這裡爬山？這其實很危險呢！」Shankar 一臉不信的問。

「因為我迷失了。」山上不能抽菸，不然此時我真想來一根。「爬山不是更會迷失嗎？」Shankar 困惑的回答。

「或許，所以我雇用你為我引路，走吧，休息夠了，我們繼續出發。」看著 Shankar 困惑的表情，我如此回答，這是事

最喜歡過吊橋　# 晃的很爽

情發生後我第一次承認自己迷失，當時自己一昧地追求金錢與權力，覺得有了那些會的到更多快樂，事實上不是這樣，我只能不斷反覆在內心思考那些困惑我許久的問題。

是從哪裡開始錯的？為什麼他們要利用我的信任？眼角的淚水默默滑落，我不確定是因為悔恨還是因為頭痛，也有可能是身上的牛糞薰的。此刻 Money 的幻影又出現在我身邊，她咬了咬我的衣服示意我繼續前進。我知道我得繼續前進，也知道真正的 Money 仍在台灣等著我，更知道心裡的傷口隨著我講出來的那一刻，正在慢慢癒合，但這過程還是使人痛苦。

「會熬過去的對嗎？Money。」對著坐在一旁等待我起身的 Money 幻影，我忍不住脫口而出。

「先生你還好嗎？」Shankar 看到我自言自語，擔心的問。

偷偷擦掉眼淚擠出一絲笑容回答：「還好，我沒事。」

是的，還好，我沒事。

當你煩悶時看看遠方，天是一望無際，你是如此渺小。

--HAN

第二章　行走・放空・沉澱

7、去留：南崎巴札；3440m

雪巴人聚居地南崎巴札（Namche Bazaar）位於山谷中，前往村落的路途上，萬籟俱寂，一點人類的痕跡都感覺不到，好像天地之間只剩下我們這支隊伍，由於村莊地勢較低，所以從遠處靠近時完全沒有人聲，是通過村莊的拱門後來到低窪處，才能聽見人聲加上狗吠，這兩種聲音包含了許多情境，一方面宣告著我們脫離了自然的蠻荒，一方面又歡迎我們重新回到人類世界。

在當地補給時，我們來到一家小店吃飯休息，整間餐廳只有一位老奶奶，以及牆上好幾張的照片，我問 Shankar 照片上這些人是誰，Shankar 面如死灰的說：「先生，這些都是奶奶的家人，他們全都過世了，現在只剩奶奶一人支撐著這家店。」用餐期間，奶奶不斷對著牆面朗誦經文，我問 Shankar 她在說甚麼，Shankar 說她在祈福，這個奶奶每天都會重複這樣的行為一遍又一遍，為逝去的家人、為自己同時也為來訪的旅客祈禱，希望所有人都能平平安安地活著。

離開店後，整趟旅程奶奶的聲音大概是除了 Money 的幻覺之外，最常圍繞在我腦中的。子欲養而親不待的難過，或者白髮人送黑髮人的哀戚，無論哪個都是我們生命中無法逃脫的難題，意外無法預測，我們只能珍惜每個當下，以及陪伴在身邊的人。

若 Money 在就好，我不經又如此想著。

吃飽後，我漫無目的地在小鎮到處晃晃，沿著階梯往上爬，在離餐廳不

好想 Money

遠處，我發現了一座無人的博物館，這間位於聖母峰山腰的博物館，大門敞開彷彿在歡迎著所有人進去探索。進到博物館內，地上厚厚的沙塵與落葉，彷彿訴說著他久未被人發現的孤寂，牆上的時鐘也永遠停在十二點零二分三十秒的位置，指針上殘留著厚厚的灰塵，在這沒有任何觀光客的地方，時間感覺像是靜止了一般。博物館內部陳設簡單，只有一些藏傳佛教的經典、印有梵文的小旗幟以及轉經輪。回想整段爬山的路程，都可以不斷看到轉經輪的身影，我每每都會上前轉動一次，我不迷信，但身體的不適讓我什麼方法都

聖母峰紀念館

願意嘗試，除了希望減輕身上的不舒服外，也總會為遠在台灣的家人以及Money祈福，祈求他們平安。

晃了一圈後我才看到進門右手邊有面照片牆，牆上掛著將近百人的照片，以及一張小桌子，桌上放著一本小簿子。翻開簿子，裡面有來自世界各國登山客的簽名，還有他們寫下的到此一遊的紀錄，看著那一則則故事，我不由得將奶奶的故事以及沿途的回憶串聯起來，照片上這些人或許都是最早登上聖母峰的雪巴人以及勇者們，但他們可能也因此罹難不在人間了。想到這邊我不禁一陣鼻

＃雞與牛　＃咖啡時光

酸，我們都期待奇蹟會發生，而等來的總是意外，回首過往，我在上面也留了一行字。

「每個登山者的背上，都有一個悲傷的故事。」

寫好闔上簿子，我走出博物館，繼續在這小鎮遊蕩。走著走著，我看到當地人在路邊架設的簡易桌球桌，以及正在比賽的小孩們，興起之下我問他們可以加入嗎？他們馬上說可以，我便拿起球拍與其同樂。這是一個簡單的小鎮，沒有大城市的喧囂，對他們來說，生活不需要手機遊戲、不需要奢侈的衣服、不在乎誰家的爸爸開什麼車，只管把日子過得簡簡單

在 3400M 打拼桌球，真的很 easy

單，平凡而知足，那一瞬間，我竟然有點羨慕這裡的生活。在這裡，可以深刻感受到都市和高山生活的差異，當地人不曾感受到金錢的重要性，因為他們從來也不需要花用多少錢，在這裡生活，一切都是自給自足，不需要算計、斤斤計較。

打完桌球，我繼續沿著階梯往上爬，直到發現一處能俯瞰整座小鎮風景，以及遠望佈滿積雪高山的制高點。有隻畜牛站在該處，看到我前來，他先是不以為意地從我身旁擦肩，好似他是這邊的老闆，而我是個過客，隨後不多刁難繼續回

##Shankar # 奶茶

到原處休息，以一種既日常且平靜的方式歡迎我的到來。三、五隻不知道從哪邊跑出來的公雞在我腳邊啄食，還有位大約十歲出頭的小女孩很陶醉的戴著耳機在唱歌，那歌聲婉轉悠揚，沒有技巧的訓練，只有純粹的語言及旋律，放在城市或許不夠花俏。但在這壯闊景緻前，卻顯得十分動聽，美麗的聲音迴盪於山谷、溪流、樹林之間，這一切舒暢地猶如桃花源，此時 Shankar 似乎採買好補給品，拿著一杯熱騰騰的奶茶給我，我們一同看著風景，伴著女孩的歌聲稍作休息。

熱奶茶

「Shankar，你有想過離開這嗎？」看著眼前美景，我不經好奇的問。「先生，還記得我跟你說，我讓我的小孩們能夠受比較好的教育，是希望他們長大能有機會走出尼泊爾去看看嗎？雖然跟你相比，嚮導的薪水很少，但這是一份可以支撐我家裡開銷的工作，同時也是我唯一能做好的事。」每當談及家人，Shankar 總會露出溫暖的笑容。

「我雖然書讀得不多，但接待這麼多遊客，我發現大家會來這裡，各有各的原因，但有一點相同的是他們都是在原先生活中，受到了什麼挫折，感應到山的召喚，進山沉

我一臉看起來是有巧克力嗎 ....

澱的人。療癒他人是大自然的事，我無法療癒這些內心有傷的人，但我能陪他們走完這段路。我不知道先生您遇到了什麼難過的事，但相信我，走完這段路，很多東西您會慢慢釋懷，這就是山的魔力。」

Shankar 露出他招牌的笑容如此說到。

「我是山裡人，我屬於山裡，回到山裡我才自在。」

喝完咖啡我們又繼續踏上旅程，當天晚上我的身體極度不適，頭痛、腹瀉、流鼻血，我能感受到全身上下的血液似乎都想往外流出，甚麼狀況都出現，Shankar 為了我，也整晚沒睡在一旁擔心到不行。當地人更是熱心，主動為我送來熱水，甚至為了讓我好睡一點，一個晚上更換了四、五間房間，第一間風太大、第二間油漆味太重、第三間有老鼠等等，無論如何，他們都希望能讓我好好休息，一夜安眠，緩和不適症狀。他們並不富裕，但都非常善良，只要是能幫上忙的，大家都會盡力而為，相當溫馨。

看了就很平靜的尼泊爾文

8、黑狗：路上的小天使：3440m

高山的生活機能不太好，當地缺乏基礎建設，瓦斯桶、日常生活物資全靠人力、畜力，裝載上來。不同動物有不同的海拔限制。驢子只能到海拔三千公尺的高度，海拔三千公尺到四千公尺，主要依靠氂牛跟黃牛的配種；氂牛，四千公尺以上，只有氂牛能夠正常通行。

氂牛的身上都會綁鈴鐺，他們是靠著聲音辨位，而領頭的氂牛頭上會帶紗網，讓他看起來非常的有氣勢，同時代表她是隊長。另外你也可以租借其他動物幫你拖運裝備，據我觀察，狗好像也可以，因為在海拔三千四百公尺的南崎巴札（Namche Bazaar）沿著河床走到羅布崎峰（Lobuche）的路段，我們巧遇了一隻胸前毛色略白的黑狗。

當地有很多戶人家都有養狗，但因為物資稀缺這些狗狗能配給到的食物也只夠果腹，大部分的狗狗相當聰明，他們知道登山者休息時，會進食補充能量，這時狗狗就會圍到登山者身旁，討一頓飽餐。有些狗狗更是厲害，會長途跋涉找到某組登山客鎖定目標後，便一路跟著，只為了接下來幾頓餐的溫飽。這次我們遇到的這隻黑狗也不例外，一開始就擺明要討東西吃，原以為跟一下子，他就會走了，沒想到走六、七個小時它還是跟著我們。

旅途中，它有時會突然走到前方置高點的位置，適時地幫我們探路、排除危險，有時陪伴身旁，就像在為你打氣，那一刻，我突然想起 Money，如果 Money 在

在地人　# 小黑狗

就好，如果是她，應該也會如此貼心的為我帶路替我擔心安危，我好想帶她看看這些美景。將把這隻黑狗當成 Money，我們不知不覺中走到當天下榻的地點，放好行李後，我特別拜託店家，弄點東西給黑狗吃，店家說要收十四美金，我說沒問題，店家才準備食物給黑狗吃。

他已經陪我走了一整天

「先生，今天身體還好嗎？」晚餐時 Shankar 關心的問。

「今天好多了。」我邊喝湯邊回答，順勢把湯裡的骨頭丟給路旁的小黑狗。

「先生上次說也有養狗對嗎？是什麼樣子的狗啊？」Shankar 問。

這次換我從錢包裡掏出 Money 的照片，炫耀式的遞給他「她叫 Money，我女兒，是隻黃金獵犬」。

「她好漂亮，毛色很漂亮，你一定很疼她，照片背景是你家嗎？」Shankar 眼睛一亮，看著我彷彿在等我說自己的故事。

「我公司。」我笑著回答他。

「對了，您上次說您是一位成功的仲介，能跟我說說您的故事嗎？」

Shankar 禮貌卻不失好奇的詢問，此時連一旁幫我

染紅髮的犛牛　#Shankar 說他是隊長

背行李的雪巴人聽了，也豎起耳朵默默靠近，那一刻時間彷彿靜止，全場瞬間安靜，包括老闆，都聚精會神的想聽我說自己的故事。

我笑了笑，畢竟這裡沒什麼娛樂，或許對他們這樣一輩子活在山裡的人來說，能在晚餐後聽聽各地前來的旅客說說自己的故事，是很有趣且新鮮的事，我知道他們沒有惡意，只是單純想聽聽故事，所以我也就放心地說出了自己的故事。

Golden Trip 黃金之旅：
一段關於毛小孩、陪伴與自我和解的故事

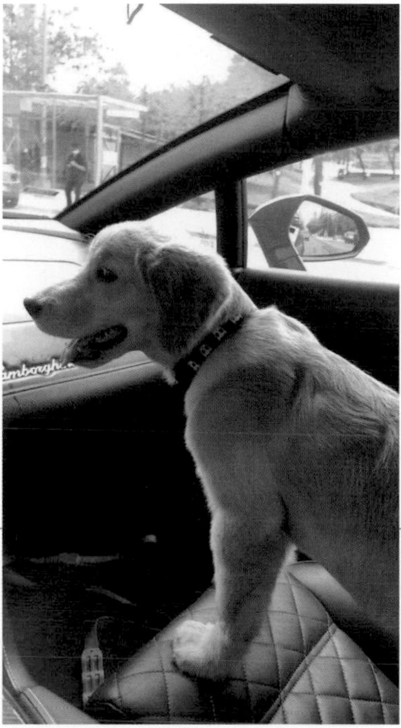

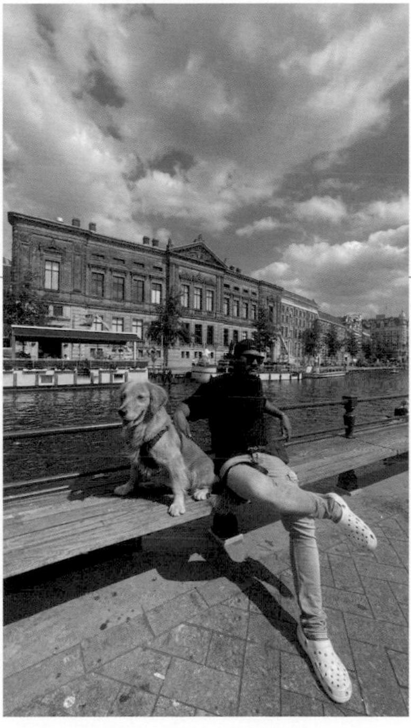

六個月大
阿姆斯特丹

9、過往：樹大招風；4200m

「我的第一份工作嚴格說起來，是一個 Bass 手，曾受邀到北京甲丁坊以及澳門銀河娛樂集團旗下一家頂級會員制私人招待會所，叫做紅伶（China Rouge）工作，那時的我年輕帥氣，是當地小有名聲的樂手。」回想這些我不禁莞爾一笑。

「澳門紅伶是什麼樣的地方啊。」Shankar 瞪大眼睛好奇的問。

「你有看過香港電影《門徒》嗎？就是港星劉德華、吳彥祖演的那部電影」我問 Shankar。

「當然有啊，常有人覺得我跟古天樂很像，我太太常說我是『尼泊爾古天樂』」Shankar 驕傲的回答。

古天樂？果然，雪巴人的幽默我不是很理解，我大笑接著說「那部電影就是在那邊取景的。」

Taiwanese native Jerry Han in action.

The bass player
China Rouge, Galaxy

Girls in tight dresses crowd the small dance floor at China Rouge as the house band delivers another crowd-pleaser: *"P-p-p-poker face, p-p-poker face".*

Jerry Han Cheng-chih, part-time student and full-time bass player at the members-only club, leaps off the stage to get closer to his audience.

As tipsy young women cavort around him, he strikes a pose while laying down a pounding bass line. There's a hint of a smile on his face.

Look beyond the dark glasses and the mop of unruly blond hair, and you'll find a driven 24-year-old from Taiwan out to show the world that his dream is worth striving for.

"Music just has to be a part of my life," says Han through an interpreter. "At the end of the day, whether I perform in a concert or on a street corner, I just want to use music to touch people's hearts."

At 16, Han left his private school because it didn't offer music lessons. He attended seven schools in four years and had blazing arguments with his mother, who thought her on son was throwing away his future.

While school was always in the background, Han took gi where he could: at weddings, nightclubs and small support roles on television shows and concerts.

The Taichung native busked on the streets of Sydney an across the United States, where the New York subway was a favourite spot. Han even studied in the US under five-time Grammy winner and master bass player Victor Wooten. Macau is the latest stop in these adventures.

"Who would have thought I'd be jamming with Kenny G? star struck Han says about the time he met the saxophonist

Mother-son relations are much improved these days, an he is completing a business degree part-time. While a nine-five job isn't on the cards any time soon, it keeps mum hap

The pole dancer
Taboo, City of Dreams

"I recently decided that I'm going to get a pot-bellied pig when I go home," says Talia Marino, who has an entire menagerie planned. "I'm going to save a greyhound, and a pit bull and I'm going to get another cat."

Some day Marino, 32, from Miami, Florida, says she will have a big house, full of rescued animals, and a gym with lots of

that courts danger with gravity-defying spins and sinew-straining poses. One slip could mean plunging head first into the paying punters.

posting a video on YouTube, does a four-hour workout five

Talia M loves a knows open a

I really loved bein there, and the wl

#48 Hours magazing　# 雜誌專訪　# 亞洲第一位受訪 Bass 手

「真的假的！先生你也曾是大明星咯？」Shankar 驚訝的問。

「倒也不是，但我見過各式各樣的名人，政治家、企業家、藝術家、外商銀行的高層，因為我曾擔任會所內部駐店樂團團長。」我答。

「在紅伶，每個月都有許多活動，有特殊節日也會推出特別節目。每個禮拜都會換一次新秀，新的服裝、新的舞蹈、新的歌單，從晚間九點直到凌晨三點，六個小時毫無冷場，每個晚上都是視聽盛宴。因為我是駐店樂手，薪資跟待遇都十分優渥，樂團全員都居住在高檔酒店內，上台演出之前，還會有專業化妝師幫忙梳化，身份頗受禮遇。當時連流行音樂雜誌 48 Hours Magazing 也跑來訪問我。」回憶起來，往事如潮水般從我腦海湧出。邊我看了看身旁的黑狗，將他如 Money 疼愛般撫摸邊說。

「可是你不是說你是一位成功的推銷員？」不等 Shankar 問問題，

旁邊雪巴人挑夫就連忙提問。這是這段旅程以來，我第一次聽到他說話，平常都是 Shankar 在告訴我該怎麼做，雪巴人挑夫總悶著頭走在我們前面，或早早休息，根本沒有交流的機會，若不是他忍不住想繼續聽我說故事，我還以為他是啞巴，我震驚的看了看他繼續說。

「後來因為一些原因我回來台灣，剛回台灣沒錢又沒舞台，前後生活落差太大，導致我剛回台灣時極度不適應，積極的工作想回到澳門的巔峰時期。在做地產之前，我什麼工作都找過，飲料店員、保險業務，卻處處碰壁，當時的我，真的覺得自己走投無路，最後才在朋友的引薦下，接觸不動產代銷業。結果上班第一天，不到七小時就成交、賣出第一棟房子，連我自己都不敢相信。」

「好厲害，所以你就賺了很多錢嗎？」Shankar 興奮的問。

「只賣出一間房子怎麼可能馬上變有錢？開始做地產，沒背景、沒實力也沒人脈，是從一張一張名片遞出來的。那時騎車在路上等紅綠燈，遇到有同樣在等紅綠燈的高級跑車，我就會上前去，輕敲對方窗戶，若車窗玻璃有降下來，表示對方願意和你說話，我就會遞名片進行自我介紹。標準流程、台詞倒背如流，首先你得遞上名片然後跟他說：「『大哥你好，你這台車是什麼型號的，我很喜歡，我是做地產的，未來如果有合作機會，要買要賣都可以打給我，祝你有美好的一天。』我就是這樣靠發名片起家。」

#8 個月大

「太厲害了吧！先生你有算過自己賣了多少間房子嗎？」Shankar 繼續問。

「數不清，我只記得剛創業那年，我幾乎沒有休息過，每天太陽還沒升起就起床準備上班，每次我起床，睡在一旁的 Money 都會睡眼惺忪爬起來想跟我一起出門，我都會跟她說爸爸是要去工作賺錢錢給妳買玩具，妳再睡一下，我很快就回來。」我親暱的摸摸小黑狗的臉，就像我平常跟 Money 玩耍一樣。

「Money 真是幸福，先生你真是個好主人」Shankar 回答。我苦笑「但也因此，那段時間我很少陪她，倒是她無論我多晚回家，她都會笑著來應門，比起來，我才是因為她而幸福的那個。」我啜了一下鼻子說到：「我還有很多她的照片，你要不要看？」邊說我邊拿起手機，打開專屬於 Money 的相簿，翻閱給他們看。

「先生我相信你說的是真的了，Money 後面那台車感覺好像很貴，那也是你的嗎？」雪巴人挑夫看了看照片詢問。

「嗯，進入房地產後整整七年，我從業務做起，一年至少都賣出上百戶房產，曾經連續三十六個月，蟬聯百萬營收經紀人的寶座，所以我不到三十歲就擁有藍寶堅尼（Lamborghini）與勞斯萊斯（Rolls-Royce）兩部超級跑車，是貨真價實的超級業務員。」回憶起曾經的風光我不禁驕傲的回答。

「那你怎麼肯離開這樣的生活，來到這種鳥不拉屎的地方？」一旁的老闆聽了，有些不屑的插話。

「公司賺錢之後，我變得比較膨脹，曾幾度被說是在炫富，最後遭人眼紅。」摸摸小黑狗的頭我繼續說道。

以前的我很注重行頭和外表

「中文有句諺語叫：樹大招風，有錢以後，先是我底下的員工聯手騙我，後來我信任的朋友，還用我的名義，以賣高級跑車之名，到處欺騙人跟他買車，同時他也騙我幫他裝潢車子的展示廳，但從頭到尾都在胡搞。」我無奈的說。

#21 Century 公司

「他們為甚麼要這麼壞？」Shankar 也替我打抱不平的說。

「這還好，我工作這幾十年，這種事情層出不窮，小到十萬，大致幾千萬，什麼沒遇到過，前兩天跟家裡聯絡，家人說他們又收到傳票，這次是有人拿我以前的照片，去騙女生，那些女生看我帥還都自動匯錢給我，但我一份也沒拿到，全都進了詐騙集團的口袋。」我無奈的笑了笑。

「看來你也得小心一點，古天樂。」挑夫拍拍 Shankar 的肩膀，起身去裝了杯水，頓時全場哄堂大笑，彷彿一切從沒發生，只是個故事，店主聽完，遞給我一杯熱水，拍拍我的肩膀繼續進屋工作，挑夫則走進房間打算休息，至於尼泊爾古天樂 Shankar 仍坐在我身旁，瞪大眼睛想再聽我說些什麼。

「老實說，錢都是小事，我還撐的下去，但在這些事情之後，我真的無法再相信任何人。」說到這我有些鼻酸，剛剛的歡樂氣氛瞬間又降的跟現在的氣溫一樣寒冷。

Shankar 聽了，沈默一陣然後說「先生，那你相信我嗎？」

我一聽愣了愣搖搖頭說：「我不知道。」

「沒關係，你至少還有她，她不會騙你的。」Shankar 露出他的招牌笑容，也揉了揉我腳邊小黑狗的頭，如此說到，我知道 Shankar 的意思，不是真的指這隻小黑狗，而是跟我一樣把小黑狗當成 Money，聽完 Shankar 這樣說，剛剛的難過瞬間一掃而空，我不禁笑了出來。

Shankar 說完也起身走進房間休息，或許是今天已經爬了一天的山，累了想休息，也可能是我的故事他們聽的差不多，覺得有些無聊了，總之後來，只剩我以及小黑狗待在溫暖的餐廳。

摸著小黑狗的頭我邊想，當時我幾乎投注所有精力在工作上，因為如果我不做就沒有錢，連下個月租金也繳不出來那種地步，真的火燒屁股。但隨著我的努力，很快地，公司資本額越做越大，在眾人眼裡，我是名符其實的地產大亨，但取而代之的是犧牲了所有陪伴家人，以及 Money 的時間，而她總在公司等著我回來拍拍她的頭又匆匆出門談生意，現在回想，那段時間真的對她很抱歉。

收拾一下進房休息，同時我也下定決心，若這次能平安回去，我要對 Money 更好一些，或許我該帶她一同去旅遊。

隔天早上起床小黑狗不見了，收拾行李間，我突然覺得沒能與它好好告別有點難過，但行程安排也無法久留，故收拾好東西我們繼續踏上旅程，沒想到當我們已經走離旅店很遠的地方時，又巧遇同一隻黑狗。我驚訝得指著她，正當要說些甚麼時，它向我撇了眼彷彿從未認識我，叫我別多話一般，搖著尾巴領著新一組旅客，往旅店方式前進。這時 Shankar 才告訴我，原來這隻黑狗是店家飼養的寵物，是所有狗狗中最聰明的。早上他起床刷牙，就看到一群狗狗圍在她身邊，彷彿在開甚麼會議，沒多久這群狗狗就四面八方離散，彷彿它是這群狗隊的指揮一樣，分派著不同路線去招攬客人。而這隻黑狗則是會走到離家比較遠的地方，不跟他的夥伴搶客人，騙個三五天飯吃後，再引導客人來這邊休息入住，然後店家藉此收費，讓登山客付錢餵她吃飯。小黑狗這番操作，真是相當厲害。

「Shankar，你不是說小黑狗不會騙我嗎？」我驚訝的看著 Shankar 說。

「先生，她也要吃飯啊。」Shankar 理直氣壯的回答。

店家養的黑狗幫，超熱情。

10、爐坑：毫無秘密的圍爐；4545m

南崎巴札（Namche Bazaar）往丁伯崎（Dingboche）的路上，寒風刺骨，我甚至必須躲在大石頭旁邊，用石頭擋風才能喝口水，當地氣候說變就變，上一秒還晴空萬里，下一秒就開始大雪紛飛，一下雪我們的行程就無法持續，必須開始尋找當天居住的地方。

我們下榻的地方是山屋飯廳（Tea house）的一處小飯店，這裡的老闆是我這一路上遇到最吝嗇的人，可也吝嗇到很好玩，什麼都要錢。手機充電要錢、喝熱水要錢、喝奶茶也要錢，大家無論使用任何設施、洗頭、刷牙、洗臉，老闆通通都會跟你現場喊價，他會用著不流利的英文，邊拿出你要的東西，邊伸手報價，等你把錢放到他手上後才把東西給你。

原本這裡的飯店都是當地人的住家，他們騰出一個空間給登山者居住，以獲得收入。我們去的時候是淡季，沒什麼遊客，大部分的商家，都是抱著交朋友的心態，不會真的坑殺觀光客，唯獨他一毛不拔、斤斤計較，是個相當「實在」的人。

當天晚上，來自世界各地的登山客都會圍到餐廳內，不寬敞的房間中央有個供旅客取暖的坑。爐內的燃料是用乾掉的牛糞製成，多少有些異味，但待久也就習慣了，炕上通常會放一鍋水，煮沸後可供人飲用，當地資源不充足，物資、水、電

用暖爐吹頭，看會不會比較不痛。

都是稀罕的東西，必須相當珍惜使用。

就這樣，我們一群人圍在坑周圍閒聊，交換著白天登山的情況，有餘裕時才會分享彼此登山的理由、以及旅途中的趣事，這裡儼然是一個國際交誼廳。聊天時談及隱私是件失禮的事，但因為沒有利害關係，所以大家都毫無顧忌地卸下白天爬山的疲勞，訴說自己從哪來，或講講有關自己的人生故事，他們都以為我是當地人，一開始都一直跟我說尼泊爾話，真是太有趣。

「爬完山，接著我要去瑞士少女峰幫紅牛（Red Bull）工作」

圍爐夜話　# 說故事時間
大家都以為我是當地人

Leo 是一名無動力飛行傘（Paragliding）的專業測試員，為紅牛（Red Bull）以及世界上最硬的飛行傘越野賽事工作。他說他們會在清晨，穿戴廠商提供的測試傘，從瑞士少女峰山頂往下跳。

「It is walk in the park.」他總在挑戰生命的極限，對 Leo 來說，來這只是工作前的暖身。

另一個壯碩憨厚的年輕人說自己是頂級駭客，我們問他真的可以做到像電影上演的那樣，癱瘓國家機密部門網站的事情嗎？他語帶保留的說「不好說，但竄改罰單這種事我常做。」

「那彼特幣可以買嗎？」一位大企業老闆這樣問。

「我只說危險。」年輕人回答。

「為甚麼？」我問。

年輕人露出燦爛的笑容回答：「因為彼特幣是我們在操控的。」

看著他的笑容，我不禁背脊發涼，果然世界之大無奇不有。

「那你呢？」我問向旁邊一位看起來四十歲上下的先生

「我是個卡車司機，專門運送起司，我家總有吃不完的起司。」先生喝完一口水回答。

「Wow，我超愛起司，尤其是淋在薯條上……」我說。

「好想吃薯條」的年輕人接了上話，大家順著話題各自聊起家鄉的美食，問到我時極限運動家 Leo 把問題丟給我：「那你呢？你叫什麼？從哪裡來？」

「我叫韓承志，你們也可以叫我 Han，來自台灣，是一位樂手。」可能是昨天已經把來的理由分享給 Shankar 他們，今天我講了自己的另一個生命故事，他們一聽我是樂手，頓時都來了精神，七嘴八舌的詢問。

「什麼樂器啊？」年輕人問。

「Bass」我回答。

「好樂器，Jazz 音樂對嗎」Leo 邊假裝彈起吉他邊說。

「是的，我從高中學到現在，來這裡是為了找回靈感，找回當初彈音樂的感覺。」我接著說。

「你遇到瓶頸了嗎？」企業家問。

「是的。」我低下頭悵然說著「曾經我以為只要靠自己的琴技就可以到達巔峰，但後來發現到專業舞台才是競爭最激烈的，因為台灣市場很小、樂手很多。

十八歲 # 第一次到美國

最近我深深的思考一件事，那就是興趣不能當飯吃，興趣是很理想化的東西，而變成職業就會遇到很現實的地方，把興趣當作職業，一開始可能很浪漫，但日子久了，會抹滅對音樂的熱忱。」我回答。

Victor Wooten　# 在田納西州他家 !!

一陣沈默後卡車司機率先起了頭「你最喜歡的爵士樂手是誰啊？」

「Victor Wooten，他是我從小到大的偶像。」我回答。

「敬 Victor Wooten。」Leo 舉起手中的熱水如此說到，所有人也都拿起手中杯子對空敬酒，突然年輕駭客用手機放起 Victor Wooten

的一段 solo，在那瞬間，時光交錯，我彷彿回到 17 歲那年。

當年為了向這位傳奇樂手請教學習，我寫了上百封電子郵件給對方，大部分的消息都石沉大海。後來 Victor Wooten 終於回復了，他告訴我，他每年都會在烏頓森林（Wooten Woods）舉辦音樂營地（Victor Wooten Center for Music and Nature），問我要不要參加，我二話不說一口答應，剛滿十八歲就拿著奶奶給我的三萬塊台幣紅包，從八千英里遠的台灣，飛越太平洋，只為一窺這位傳奇的貝斯大師。

Victor Wcoten 經常在晚餐前來一段 jam，帶領大家感謝神、感謝生命、感謝愛。這次旅程，我領悟到一個嶄新的世界，那是一個屬於真正音樂人的世界，語言會產生隔閡，但在音樂的世界，每個人都能互相理解。這次與頂級交流的經歷，帶給我極大的勇氣。為了成為那樣的音樂大師，我決定帶著我的貝斯去流浪。

當時只有年輕沒有錢，音樂聚會（Victor Wooten Center for Music and Nature）結束後，我輾轉在加州跟紐約等地方，哪一家酒吧缺樂手，我就毛遂自薦、上台演出，賺一點住宿費與酒水錢，偶爾在街邊即興演出，也能餬口。當時的我就像七十年代的嬉皮士，過著流浪牧歌式的生活，只有我與琴，也只有在那樣的國家，我才能不受家庭、社會壓力的生活影響，過著最純粹的音樂生活。

「Money，我想找回那個純粹為了音樂而開心、滿足的自己」Money 的幻象再次來到我身邊，伴隨著 Victor Wooten 得琴聲，想起當時的旅程，從澳門回到台灣後，我必須面對生活壓力，不能只彈自己喜歡的音樂，而是必須為了賺錢、為了生活。但在這個當下，一群陌生的旅人圍著炕分享著故事與音樂，猶如十七歲那年的某一天，演出結束後我躺在路邊或坐或臥休息，看著時代廣場上，人來人往的過客，迷幻卻又真實，我發自內心的感到開心，同時也為了遺失的純粹感到惋惜。

正當所有人陶醉在 Victor Wooten 的琴聲中，時間來到晚上九點，鐵公雞老闆打算趕我們回去睡覺，但大家都覺得還沒聊夠，起鬨要老闆再添加燃料。老闆不情不願的又往坑裡添加點東西，瞬間整個房間湧起燒金紙般的嗆鼻味道，Shankar 說他為了趕我們走，把紙當作燃料添入炕中，沒辦法，整個房間烏煙瘴氣，我們只好不歡而散。

Show Time #Fodera Bass

11、登頂：身體的警訊：5364m

在羅布崎峰（Lobuche）的河床路段，當時我的身體已經難受到無法步行，Shankar 看我可能再也無法撐下去，便問我：「先生，你還好嗎？還是我們要叫直升機下去？」都快到抵達大本營（Everest Base Camp），我怎麼可能在這時放棄？知道我堅定的想走完這段路，Shankar 也不再堅持，擔憂的繼續在我身旁小心翼翼地陪伴我。

強大的意志力在推動著我，去面對單調乏味的景致、頭痛欲裂的折磨，每一個訊息都警示著你要下山，但我想都來了就得爬完。這一路上，幻想的 Money 跟在身邊陪我，而我現在只是巨型機器人，她在我腦中操控我前進。我不斷告訴自己，重挫與重生，全都在一念之間，再痛苦的山都爬過了，何況眼前是小小的困難。複雜的登山歷險讓我逐漸明白，迂迴的山路就像人生，但爬山過程是如此簡單純粹，一步又一步。

奄奄一息的我，終於跟著 Shankar 以及挑夫走到了大本營，到了大本營沒多久，硬擠出笑容拍個照，我就體力不支陷入昏厥，他們一看這情勢都非常擔心我的身體狀況，緊急呼叫救難直升機前來救援。當時我頭痛到，感覺自己的腦袋都快要裂開，結果直升機以氣候不佳，開始起大霧為由，說要兩天後才能上山，搭乘直升機要支付數千塊美金，但我虛弱到無法下山，只得同意。

有趣的是，延遲兩天的關係，下山前我幾乎已

#Everest Base Camp

經適應這高度，第一天傍晚我不再流鼻血，頭痛也漸漸舒緩，第二天起床，我的身體已無大礙，第一時間，我請 Shankar 將直升機取消，沒想到他們說直升機已經在路上，無法取消，無奈之下我只能待在大本營等待直升機的到來。但這也給了我很好的機會好好享受大本營的風光。

大本營　# 最後一哩路

這裡如同一個大型補給站，各國國旗飄揚、各式各樣的人種都有，大家千辛萬苦來到這裡，唯一目標皆是登頂。薄霧環繞山巒，巨石遍布，轉經輪沿著山谷架設，還有些堆疊成塔上有刻字的小石頭，用來哀悼亡者，我不禁意思考，若今天我沒撐過來，會不會也成為那推墳塚其中之一？我找了處安靜，卻可以看到往來與大本營標誌拍照旅客的地方坐下來，腦中浮現在南崎巴札（Namche Bazaar）聽到的小女孩哼的旋律，我不經一邊輕哼那旋律，一邊回想這一路的艱辛。

#藏傳佛教　#五色旗

頭不痛了，但Money的幻覺依舊，向她陪我的所有瞬間一般，現在她依然枕在我腳邊。

一路走來，很痛苦，咬舌自盡都比較輕鬆，相信我，這個念頭我想了無數次，每當在極限死亡的邊緣，我都會告訴自己，跟他共存就好，我正在好起來。也不知是不是因為我這樣想，我感覺身體以及心靈都在漸漸恢復。

不是我看見才相信，而是我相信才看見。

瀕臨死亡，你只會想到你最在乎的人，讓我走完的動力是我對Money以及家人的思念。過去我把時間都花在思索事業的不幸與失敗，以及活在眾人的閒言碎語中，我總在等時間過去，希望事情趕快落幕，沉溺悲傷怨懟無法改變的現實，但在伴隨巨大痛苦的山路中，我發現只有正視問題，才能夠找到出路。

最終，直升機還是來了，將我送回平地醫院施救，到了醫院，醫生不解地表示：「每周都會有人死在山道上，為什麼你的高山症這麼嚴重，還要堅持一直往上爬？你難道不要命了嗎？」罵歸罵，醫生看我的情況如此嚴重，便在醫囑上註明，讓我申請直升機救難費用的全額理賠。

I MADE IT

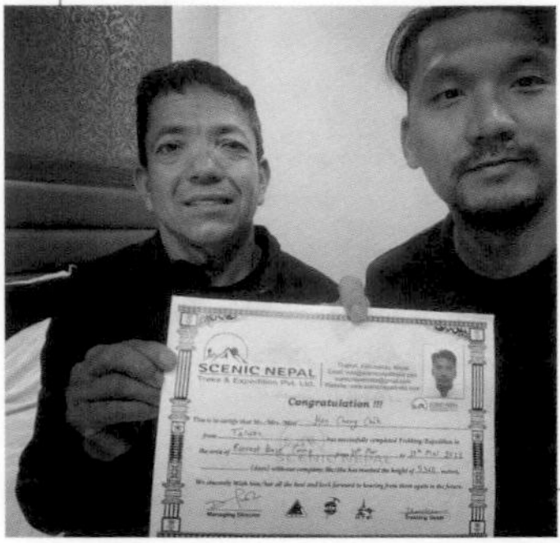

#Thyangche Dongak
僧侶學校

SCENIC NEPAL
Treks & Expedition Pvt. Ltd.

Thamel, Kathmandu, Nepal
Email :info@scenicnepaltreks.com
scenicnepaltreks@gmail.com
Website :www.scenicnepaltreks.com

Congratulation !!!

This is to certify that Mr./Mrs./Miss Han Cheng Chih
from Taiwan *has successfully completed Trekking/Expedition in the area of* Everest Base Camp *from* 10th Mar *to* 13th Mar 2022
(days) with our company. He/She has reached the height of 5364 *meters,*
We sincerely Wish him/her all the best and look forward to hearing from them again in the future.

Managing Director　　Trekking Guide

#EBC 登山證書 5364m

真正的放下，是你不介意再度提起。

--HAN

12、珍惜：開掛人生，活在當下

爬完聖母峰之後，我又繼續走訪許多國家，吃住從簡，體驗當地生活，旅途的挫折，讓我動過幾次放棄念頭，但伴隨林木與雪地、山脈與岩石、河流與飛鳥、日出與日落，那一次次自然的體驗，讓我不僅省思人生的傷痛，最終也療癒了自己的傷口，明白逃避障礙無法走到終點。同時，我也遇到許多溫暖、樂於助人的好心人。每爬一座山，就像是經歷一場新的人生。在山下，人間滄桑必須自己獨闖；在山上，崇山峻嶺之間，有人和我作伴。旅程中認識的朋友，讓我不再迷惘，漸漸再次相信人性本善。

爬山征服的不是山，而是自己。

曾經我事業有成，可卻遇人不淑、所託非人、歷經挫折，許多人只在一旁等著看好戲，真正關心的人沒幾個。只有Money一直在我身邊陪伴著我，不離不棄，包含這次的登山行，若不是她的幻影不斷出現砥礪我，我絕對無法撐完全程。或許她沒法替你解決眼前的困境，但那種陪伴正是當下我最需要的。她的世界很簡單，食物和散步最重要，哪怕沒有食物、沒有帶她出去也沒關係，有你就好。

我這才明白，過去追求的東西實在沒什麼意義，最有價值的東西，是有人真心關心你。而我現在最該做的事是回到台灣，好好抱抱Money，陪伴她，像她曾經對我的那樣，我想帶她看看這世界。

「或許我無法成為世界最幸福的人，但我希望在Money所剩不多的生命裡，能成為世界上最幸福的狗，也因為有她，我才感覺的到幸福。」

土耳其：美麗的玫瑰谷（Ross Vally）

玫瑰谷徒步是土耳其著名的健行路線之一，只可惜地處幽靜，我一時粗心大意迷了路，走了五個多小時，都在河谷繞來繞去走不出去。這時，一隻咖啡色獒犬突然出現，不曉得是不是發現我迷了路，他一步一步帶著我走到山谷的高峰處，好讓我從制高點看清道路和方位這才逃過一劫。

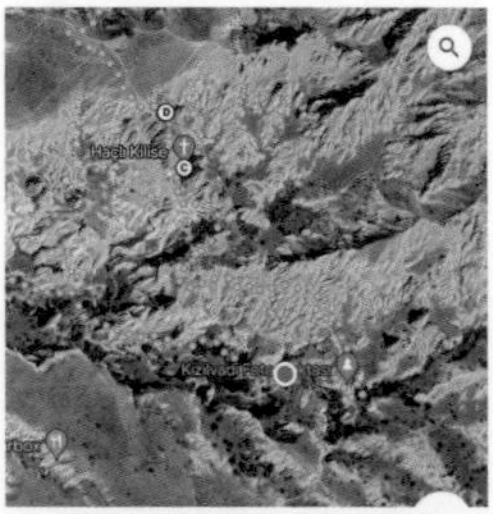

神秘的獒犬　# 腳印

約旦：坎貝拉古城（Petra）

一般觀光客都走下面，車子到了就下車拍照打卡，而我則選擇向當地居民詢問他們日常上山的路徑，沿著高原往上爬，登山過程中，一位當地人向我借用行動電源，幫手機充電，為了答謝，事後他還邀請我到他家裡用餐。晚上我們還一同抽水煙，那天剛好是我的生日，他們得知後，隨即準備了蛋糕，在飯後端了上來。當下相當感動，人在異鄉，從沒想過會有人幫我過生日，而且只是第一次見面的陌生人，告別時，他們送給我一隻金色小駱駝，當作紀念品，而我也把行動電源當作禮物，作為他們盛情招待的一點感謝。

＃善的循環　＃主食放在土裡保溫

瑞士：少女峰（Jungfrau）

一開始只是想上去少女峰（Jungfrau）四處看看，結果我因為誤乘過站，下午才終於上了山，沒想到這班車竟然是末班車，下一趟上山的火車要等明天清晨才會來。幸好同車有一位當地的年輕人，邀請我到他們的露營區休息，這才躲過一劫，沒遇見他，我也許就會凍死在山上。

第一次滑雪就上手
戴墨鏡保護眼睛

挪威：佈道岩（Preikestolen）

上山前，我去附近的五金行逛逛，順帶借一下廁所時，店家表示上廁所需消費，我便挑選一個像是鑰匙圈的行李吊牌，誰知攀登佈道岩的過程中，竟真的遇見一座「心鎖橋」，這塊吊牌剛好給同行的捷克夫妻系上，象徵他們的愛情。

佈道岩（Preikestolen）有一個非常著名的哭坡，那是一個不足半公里的陡坡，但即便有鐵鏈在旁可以借力，但必要時，還是得手腳並用才能通過。快登頂時，我親眼目睹一位婦人在我前面滑倒，只差一公尺就會摔下五十層樓高的懸崖，當下所登山客都被嚇到了，但事發突然，沒有人有餘力幫助她。

到了山頂，景色開始變得遼闊，山路的一旁已經變成懸崖峭壁。濃霧之中，依稀可見呂瑟峽灣就在腳下，天氣好的時候，甚至能眺望Stavanger 市中心。

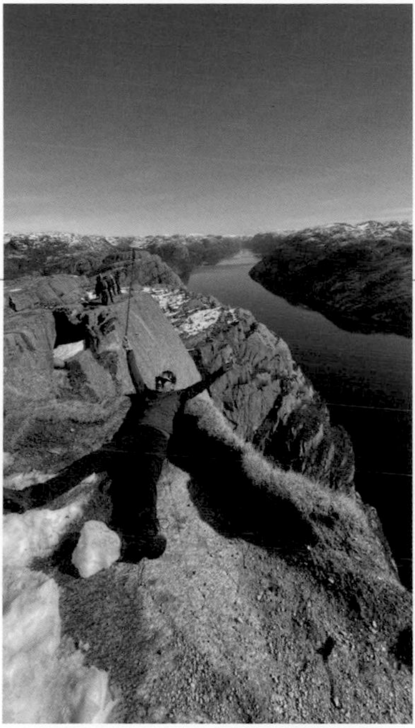

#Pulpit Rock #Preikestolen

挪威：雪橇犬

當地人搭乘雪橇，必須要兩個人一組，一個人站著一個人坐著，如果一個人摔下車，另一個人還可以即時停下雪橇，領著狗狗們回來接駁，互相幫忙。

＃太可愛了，快 100 隻，我花了一小時，去和每隻打招呼，很瘋狂吧。

布達佩斯：自由橋（Liberty Bridge）

橋邊有個很有名的裝置藝術區域，叫做「多瑙河岸的鞋子」（Cipok a Duna-parton），用來紀念二戰期間，在布達佩斯被殺害的猶太平民，他們被勒令脫鞋後在河岸被槍殺，屍體被河水沖走。也正因如此，這座橋才以自由為名，我時常爬到上面吃飯、發呆，從橋上環顧讓人美到窒息的古蹟、溫泉、市景，在那一刻，彷彿不用刻意尋求平靜，因為平靜屬於布達佩斯。

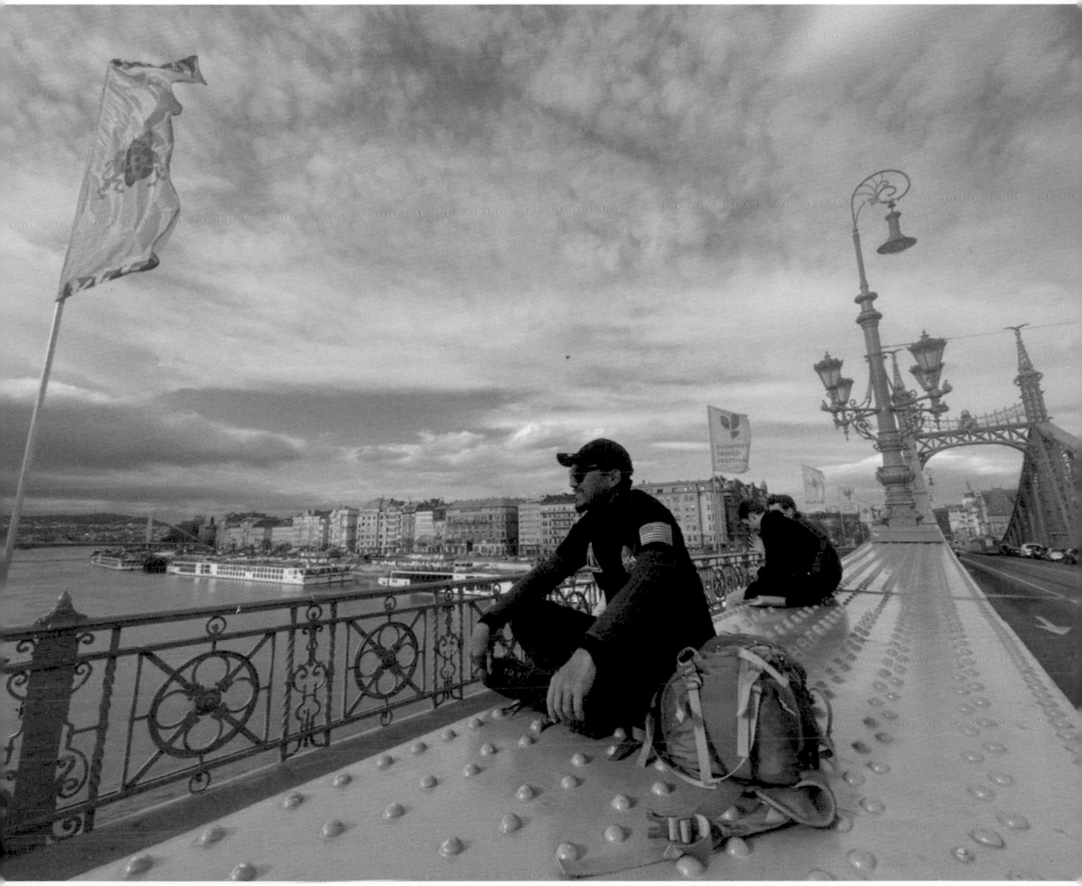

心寄布達佩斯　# 想移居的城市　#Budapest

米蘭：Bassline Music Shop

這裡是全世界最多 Bass 的地方，小小一間樂器行擺放將近一百把吉他，平常因為貝斯需求不高，一般樂器行可能就放兩三支而已，能一次看到這麼多支 Bass，你一定得來這裡。這裡是所有 Bass 手一生都會想去一次的地方，就像穆斯林一生要去麥加朝聖一樣。

BASS Line

埃及　# 古希臘劇場　# 帕德農神廟

走了七小時終於日出

#古利馬札羅登頂　#非洲屋脊
#Kilimanjaro 5756m

BALENCIAGA

第三章　上天的禮物＿Money

13、使命：上輩子的緣分

喜馬拉雅山之旅回程後，我已調適了內心大部分的怨懟，但悲傷的情緒依舊圍繞心頭，我發現這些年身旁的角色來來去去，不乏欺騙我的、利用我的人，但就是沒有陪伴我的夥伴，而我身邊唯一的傾聽者與陪伴著就是Money。在爬聖母峰時我就下定決心要帶Money出國看看，帶她去旅行、去冒險、去看這世界，所以從尼泊爾回來後，我立刻查閱許多相關資料，我想帶她去一些沒人帶狗去過的地方，讓她成為歷史，永遠被人記得，讓全世界發現她的好，一同被她療育，在我力所能及的情況下，讓Money當世界上最快樂的狗狗。

最後我們決定前去西班牙走朝聖之路，因為這裡地勢平緩，沿途還有許多小鎮，若發生突發意外也不用太擔心，對於寵物而言是相對友善的環境。雖說是旅行，但好歹也是長三百多公里的健走行，得有些事前觀察及準備，否則Money若體力不支或有甚麼不適，豈不得不償失。

旅程前我們進行一系列緊鑼密鼓的訓練，我跟Money時常得從台中歌劇院走到三井outlet，路途大約二十公里，徒步單程也要約莫個四個鐘頭。朝聖之路平均一天大概要走二十六公里，這樣高強度的訓練是必須的，否則到時身體會難以負荷。提前訓練的過程中我也得時刻觀察Money的身體狀況是否足以負擔，若他無法負荷，我也不會強求，畢竟我是想帶他去看這世界，

武嶺，第一次爬山。

不是要他勉強跟著我，所以在台灣經過一段時期的訓練後，我們才啟程前往歐洲。

在訓練的路上，除了得時常注意 Money 之外，看著身旁她雀躍的身影，思緒莫名被拉回過去，Money 其實是我的第二隻狗，我養的第一隻名叫 Happy。

每日十公里慢跑

認識 Happy 時，我還在念書，某天半夜，我跟一群朋友坐在台中一中附近的育仁派出所前聊天，剛好看見一隻黑狗，順勢就將手中的茶葉蛋分享給她，我們的緣分，就是因為一顆茶葉蛋開始的。當時還住在台中雙十路的莒光新城，跟朋友道別後便啟程返家，渾然不知Happy 一路尾隨，直到返家關門時，發現有個黑色的身影在門外搖晃，這才發現是她。那時 Happy 年紀還小、體型也相對嬌小，我怕媽媽責怪，就偷偷把 Happy 養在自己的房間內。

一開始對養狗沒概念，以為洗個澡就沒事了，事實上，領養流浪狗必須除蝨，但當時我不知道，兩周後我家繁衍了無數跳蚤，把我和媽媽搞得快瘋了。有了如此糟糕的第一印象，媽媽當然不允許我養Happy，很難過但媽媽的態度堅決，我只好帶著 Happy 到逢甲大學附近，和她告別後獨自返家。

沒想到一個月後，在放學通勤途中，我竟然再次遇到在路旁流浪的 Happy，這一定是命運安排的相遇，當下我立刻下車，將 Happy領回家，也更堅定地和母親溝通，最後，Happy 順利成為我們家的一

第一次見到 Money　# 好狗命寵物店

份子。當時我跟媽媽的關係，可以用「劍拔弩張」來形容，她工作繁忙，與我交流並不多，直到 Happy 成為這個家的一份子後，母親才開始每天提早回家，也開始主動跟我聊天、彼此關心，是 Happy 修補我們的親子關係。

認識 Money 也是因緣際會，剛創業那一年除夕，我在朋友家打牌，那天我手氣很好，幾乎可以說是橫掃全場。牌局結束後，經過大墩十一街的寵物用品店（好狗命寵物幸福生活城，文心旗艦店），順道購買 Happy 的飼料。

就在這時，我遇到才一個多月大，剛出生沒多久的 Money。原先我只是要買 Happy 的飼料，沒多想就準備結帳走人，沒想到老闆娘直接將 Money 抱出來，讓我和她玩玩。閒聊中，老闆娘說大狗比較麻煩，飼養空間要夠大，現代人家裡的空間條件有限，幾乎都養中小型犬為主，但大狗天性溫馴，善解人意。在老闆娘的勸說下，包括預防針、鈣粉、膠原蛋白、保健錠、玩具、飼料，結帳時刷了十幾萬元，這是 Money 在我家過的第一個新年。

Money 當時年紀小，需要更多時間適應跡。時常把自己搞得全身都是大便，然這還不是最慘的，最慘的是三更半夜，

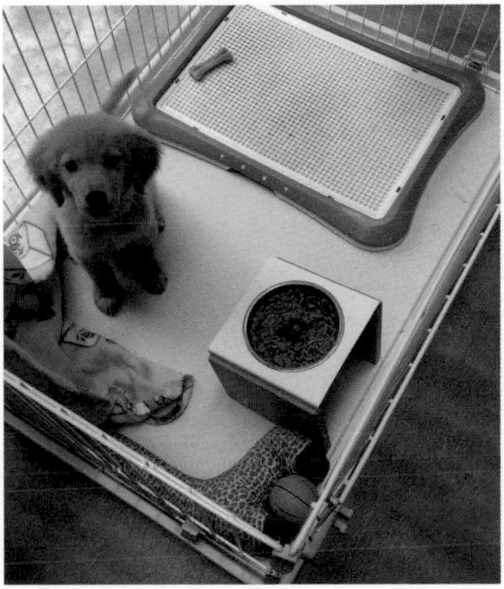

兩個月大　# 剛帶 Money 回家

Money 會對鏡子裡狂吠，搞到大家徹夜難眠，不出三天我就受不了，要把 Money 送回寵物店，說歸說，最後還是狠不下心，就這樣度過了最艱難的磨合期。

#Money 越獄

從小 Money 就會陪著我練琴、工作，無論做任何事情，她都會乖乖地在一旁陪伴我，哪怕有時我一忙十幾個小時過去，她也依舊在我身邊，連睡覺時她也要跟我擠在一起，倚靠在我身上才會安心，我一翻身她就會醒來，查看我有沒有事，真的非常窩心。而我也把她當成女兒對待，我時常跟她講道理，一次說不聽我就多說幾次，久而久之她便也心領神會。或許正是因為這種教育方式，每當遇到困難或不順遂時，她總能在第一時間內發現我的異樣。就連在創業初期落魄時，也是因為有她在身邊陪伴，我才能撐過來，我時常覺得我們的心是相連的，我即是她，她即是我。

每當和深愛的家人因故爭執，Money 都會默默來到吵架的兩個人中間，誰要是大聲講話，她就會用水汪汪的大眼睛凝視對方，試圖安撫我們，不要再繼續爭執下去。一路風風雨雨，留下來的人沒幾個，但兩條狗一直都在，單純、善良的

天使睡姿

她們對我來說，是用錢都買不走的存在，低潮時，看著樂觀的狗兒，又有動力讓自己盡快好起來。

後來因為 Happy 年紀較大，而我也工作忙無法陪伴她，加上媽媽一直希望 Happy 能跟她作伴，所以目前 Happy 由媽媽養，而 Money 則一直我身邊。

連續幾個月的訓練後，我觀察到她適應良好，肉墊也無異樣，體力、精神各方面也都還有餘裕，這才開始排定出國時間，準備帶她一同前往我們此次的目的地，西班牙朝聖之路。

左 Happy 右 Money
又開心又有錢

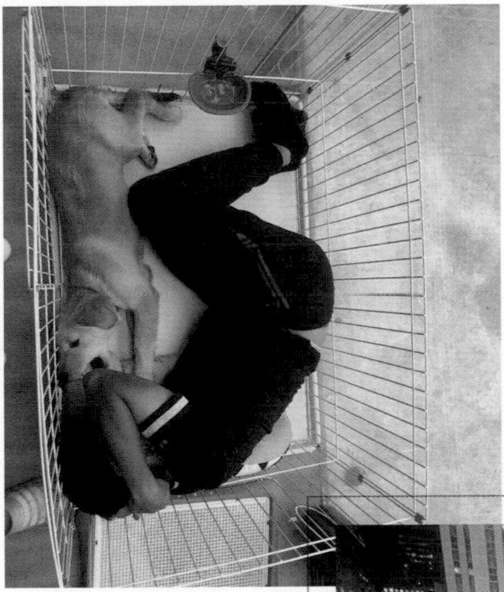

陪 Money 睡覺

洛克菲勒中心聖誕樹

14、送件：一切都是最好的安排

為了讓 Money 習慣長時間待在籠子裡，上機前兩周，我就先將符合規定的籠子放在她平常習慣休息的地方，甚至直接躺進她的籠子裡，假裝籠子很舒服。Money 是隻喜歡嘗鮮的狗狗，只要我買新的籃球跟她玩，她就會興奮不已，舊的籃球早就被他丟之腦後。但一開始，她還是謹慎，我得刻意營造這裡是一個很棒的新家，故意擠進去假裝跟她搶，她才會慢慢覺得安全，進而喜歡這個新籠子，所以在適應上，Money 算是配合度很高的天使狗狗。

從台灣到德國法蘭克福，十五個小時的班機，Money 獨自待在貨艙，擔心之餘也只能盡可能仔細安排。縱使事前做盡準備，但動物跟人不一樣，他們很細膩、生命很短暫，而我願意承擔這個風險照顧她、保護她。

帶狗狗出門，事前一切行頭不可少，首先分為四大部分準備：

一、出國文件類：出國文件申請需要一段時間，得先到動植物管理局，申請台灣寵物出口，國外寵物進口，還要提前寄血清到台北，檢驗狂犬病指數，若一項沒補齊，或有疫苗沒有打，就得先去接種必須的疫苗一切重來審核。

二、訂票：航空公司的規矩和限制很多，指定搭乘的班機唯有波音787（Boeing 787 Dreamliner）機型，長程航線，所有航班不接受寵物託運；短程航線，每航班限兩籠。記

#Money 第一次出國　# 興奮的眼神

得我在準備時查了幾十個網站，好不容易才訂了這班飛機，因為只有這班班機可以活體運輸。

三、裝備：防止肉墊受傷的小鞋子、禦寒衣物、雨衣、符合飛機規定大小的籠子、Money 平時的玩具、可以承重一隻 Money 的背包。

一般狗狗很少願意乖乖待在背包內，但 Money 很喜歡待在我包包內，因為她知道爸爸拿出背包就是要帶她出去玩，此外有個小提醒，用背包背狗狗時，要讓狗狗身體方向與主人垂直，頭看向兩方，這樣他們才不會壓到自己的尾巴而感到不舒服。

#Money 第一次坐長途列車
法國 TGV

四、伙食備品：飼料、罐頭、吃飯碗、日常保健用藥、衛生紙、塑膠袋等等，所需要的東西，不比帶一個小孩出門少。

如此繁瑣的準備只可以多不可以少，若一個閃失，Money 都有可能被滯留在國外回不來，甚至被冠上狂犬病等莫須有的罪名，甚至被安樂死都有可能，所以一定要細心做好一切準備。很多人事後總問我難道不麻煩、不辛苦嗎？

我總回答不辛苦，如果今天 Money 是一個親生嬰兒，你想帶她出門，你超重行李只為多帶一片尿布、一罐奶粉、一件禦寒衣物，你會覺得辛苦嗎？

#Money　# 馬德里

同理 Money 對我而言就是我的女兒，爸爸帶女兒出門看世界，談何辛苦。

出國當日，果不其然，上飛機前 Money 如預料中緊張，或許是擔心被丟掉或再也見不到我，她不斷叫我並示意想出來，原先我想都已經寄託運，封條也上了，心一狠假裝沒看到，但跟她對上眼，我又不自覺心軟，跟地勤人員千拜託萬拜託，請他們讓我將 Money 放出來上個廁所，吃點零食，地勤聽完也沒多加為難，便同意我們這樣做。

將 Money 放出來後，她立刻撲向我，搖著尾巴撲倒我，我一肩

#Money 上飛機用的籠子

將二十幾公斤的她扛起，安撫她的情緒後又帶她去小解，還陪她玩了一下並將她的玩具大象放入籠內，Money 這才心甘情願地回到籠子，託運成功。上飛機前工作人員還來告知 Money 水沒了，可不可以幫他加一點，我說沒問題，她這才幫我餵一下。

我們首站先到德國，因為是第一次爬朝聖之路，不確定會花費多少時間，故沒將回程的機票一併處理。入關檢查，地勤人員看到我們一家大小加上狗，且都只訂單程機票，儼然一副準備非法定居的樣子，原先是不允許我們入境的，直到一位

#Money 第一次坐地鐵

期待每小時的燈光秀

#Tayler　#Best Friend

懂中文的熱心地勤人員向前關心，幫我們向她的同事解釋，還以我們包包上繫著的朝聖之路布條為據，說我們是真的只是來爬山旅遊，這才讓我們順利入關。

第一站我們先去法國朋友那邊寄放行李，不得不說，德國、法國對寵物是數一數二的重視，我們上了火車後，幾乎各站都

最愛在爸爸的包包裡

我們是網美　#Eiffel Tower

有看到不同旅客牽著自己的寵物上下站。這是Money第一次搭乘火車，好奇如她，拼命坐在我身上將頭貼緊窗戶，彷彿想把所有美景盡收眼底。

抵達法國巴黎後，我們在這擱置了幾天，一方面調整時差，另一方面做個暖身，為接下來的朝聖之路做準備。我們去了許多地方，有凱旋門亞、歷

#聖心堂

山大三世橋、聖心堂、艾菲爾鐵塔、戰神廣場等等，其中最有印象是聖心堂。

聖心堂位於法國法蘭西島巴黎北部的蒙馬特高地上，不僅是巴黎的最高點，也是當地最著名的羅馬天主教堂。興建於十九世紀，帶著Money，路途並不好走，必須爬很多階梯，上去後，從蒙馬特高地可以看到整個巴黎市景，視野非常好，很多人搭纜車上山。

千辛萬苦爬上蒙馬特高地後，我帶著Money一路逛到了「特爾特廣場（Placedu Tertre）」，那是當地相當有名的畫家村，梵谷、畢卡索等名畫家，當年都曾經在這裡繪畫，畫家村到今天仍有許多藝術家進行現場藝術創作，盛況非凡，幾乎每一攤都在賣畫，許多藝術家也會主動詢問遊客是否要來張肖像畫，充滿地方特色。

15、暖身：人們的自在感染了我

幾天後，我們跟友人告別，搭乘火車前去西班牙巴塞隆納，再從巴塞隆納轉車到我們朝聖之路第一站——雷昂。原先計畫從巴塞隆納到雷昂這段路我們可以乘坐夜車，在火車上睡個覺，一覺起來就會抵達，沒想在中途的馬德里站，就遇到困難。

「先生，你的狗太大隻不能上車。」站務人員突然上前跟我說，隨即我將 Money 放入背包，他話鋒一轉又說：「先生，你們的籠子太大，不能上車。」籠子太大我們也無法反駁與應對，只能乖乖下車，下了車我們問站務人該轉搭哪台車，畢竟車票都買好了，站務人員看了看我們，指著另一個月台說「四、五個小時後那邊有一台載貨的火車，你們改搭那台。」順著他的指示我們來到另一個月台繼續等車。

為了殺時間，我們去到附近一個名為瓦拉多立德 (Valladolid) 的小鎮，參加了一個小型的音樂會，度過漫長等待，可能是第一次出國的關係，Money 四處亂竄、到處觀看，好像所有的事物都很新鮮一般，閃爍著好奇，而我也試著用她的角度看著世界，從她的角度看出去，一切習慣的人事物竟變得有趣，雖然接下來不知還有多少挑戰，但一切未知都讓人興奮、緊張同時也開心。

四、五小時後，貨車準時來到，結果這次他們又不允許我們上去，說貨車不能帶狗，最後無奈，我們只好改搭出租車，搭到雷昂小鎮的前一段下車，又轉了別台車抵達雷

巴塞隆納車站

昂。雖然到雷昂的路程經歷幾番波折，但這些都沒有澆熄我們的熱情，反而更加強我們走朝聖之路的決心，在幾番轉車歷程後，我們抵達雷昂已經半夜十二點。

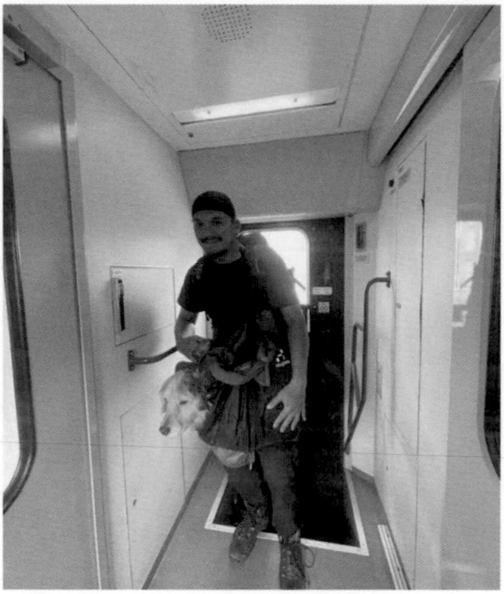

馬德里火車上

詭異的是，原先我們預計這時間應該是大家休息，街上很冷清的時候，沒想到我們偏偏遇上他們的大型夜店音樂會，原先預計落腳在教堂旁，偏偏教堂前正舉行著這樣盛大的活動，我們只能提著行李繞過人群，那個時間剛好是大家喝到微茫的時候，我們就提著行李走入人群，所有人都不以為意，邀請我們同樂，並一直伸手和 Money 遊戲，感受到這樣一座不夜城的愉快氣氛，我們盡快將行李安置好，也一起同樂起來。

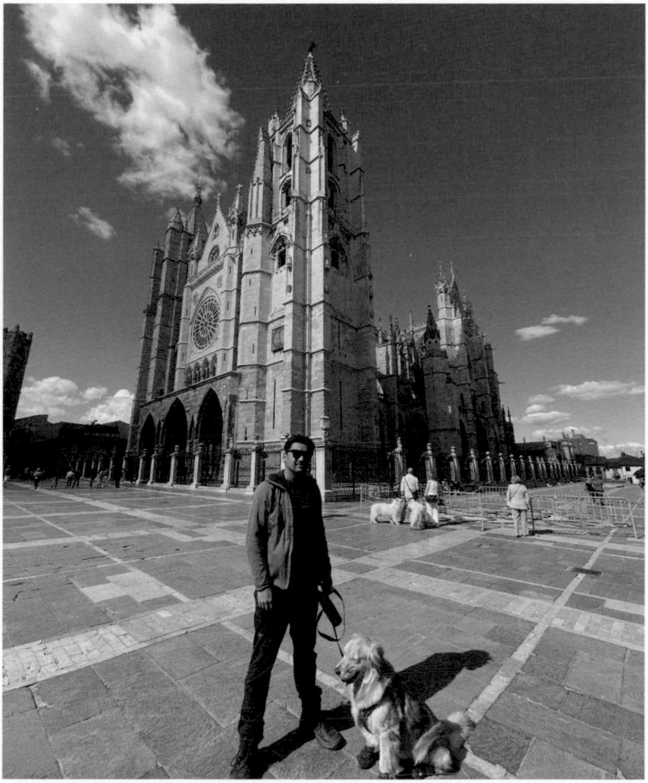

#Leon 雷昂

16、朝聖：315km 小意思

西班牙朝聖之路，又稱「聖雅各之路」，指從歐洲各地前往西班牙天主教聖地——Santiagode Compostela 的朝聖路線，終點在該區的主教座堂，耶穌十二門徒之一「聖雅各」的遺骨即存放於此。歐洲很多條朝聖之路分，而我們走的是風景最好的法國支線（Camino Frances）。

雷昂是朝聖之路法國支線的中間站，但它卻沒有想像中的偏僻荒涼，反而有許多咖啡廳以及讓健行者補給的商店，在雷昂看到第一個貝殼地標時，我的內心十分感動，不遠千里迢迢過來。貝殼作為路標遍佈整條朝聖之路，用意是給健行者指引方向，而想要取得朝聖之路的護照，我們必須在出發前向相關單位取得一本護照，並在路上四處搜集印章，直到終點再以此對換證書。每天在投宿的庇護所，都可以蓋章，有些教堂及警察局、餐廳也能蓋章。最低門檻是徒步 100 公里（或騎單車 200 公里）。

雷昂領取護照的地方是一座老教堂，我上前拿我的護照順便詢問可不可以也給 Money 一本，本來狗狗是不行拿護照的，而我們的護照一本要兩歐，工作人員看了看我們一句「Why not ?」很豪爽地送了一本給 Money。也是在這邊，我們取得了我們在朝聖之路上的第一個印章。

第一天啟程，早上七、八點就開始前行，Money 狀況很好，我們每走五公里就會休息補給一

雷昂老教堂　# 朝聖之路起點
領朝聖護照

下。她似乎很開心，因為她知道自己身處國外，正在陪爸爸完成一件重要的事情。那天途中我們還遇到另一位帶著黃金獵犬的健行者，他從巴塞隆納過來，已經走了兩個多月，還請我們喝了杯咖啡，鼓勵我們並又踏上旅程，而我們也繼續以我們的步調前行。

一路上這樣的事情發生不少，許多人看到 Money 都會跟他打招呼或停下來與她互動，閒聊之間大家也都會說起家中的寵物，那種感覺我很了解，當時在爬喜馬拉雅山時，遇到了許多動物，有雞、牛也

#Money 的朝聖護照

有聰明的小黑狗，每當摸著他們，我都會陷入一種自我欺騙，彷彿他們就是 Money 正與我互動，然夢醒之後你卻意識到 Money 遠在台灣，那是種很深層的思念之情，深到你恨不得馬上下山回去找她。而今我信守承諾帶著 Money 出來看看這世界，這一次我不再孤單，而是有她陪在我身邊，就算前途一遍未知，有她在就覺得很安心。

若要提及過程中，最辛苦的是，今年六月西班牙熱浪提前來襲，別人可能只要背揹五公斤裝備，但我光 Money 的飼料跟衣服就背了五公斤了，另外還有二十五公斤自己的

#Money 第一次看到這麼多羊，超級興奮。
#Villadangos del Paramo

伙食衣服，還拖著十公斤的拖車，等於我一個人大約負重四十公斤的行李。此外還得隨時留意Money的腳掌是否撐得住，幫他穿鞋、脫鞋，注意地形及地表溫度。

一路上的指引　# 跟著黃箭頭

不巧，當我們來到阿斯託加的小鎮當天，天氣預報說是近十年來西班牙最熱的一天，害怕強行前進身體會受不了，我們在這個樸實又平靜的小鎮多留了一天躲避熱浪。小鎮的物價可以說是歐洲最便宜的，一碗麵才五歐，晚上我坐在阿斯託加的廣場休息喝酒，看著身旁躺在我腳邊休息的Money，我突然有種感覺，彷彿老天給我們一個機

行李太重臨時買了粉紅拖車，
是給我用啦！哈哈～　#Astorga

會，讓我們多留一天感受這個美好小鎮。

隔天早上，我在小鎮內四處遊蕩時，發現當地人很流行一種紙牌遊戲，七早八早就有很多老人在路邊，邊喝咖啡邊玩牌。突然內急，我路過一家咖啡廳進去借廁所，誰知一進咖啡廳至少有二十桌老人家點了杯咖啡在那邊聚集玩牌，聲勢浩大的跟地下賭場差不多，咖啡廳也沒有要趕人的意思，就任由老人在那邊玩牌，當地警察看到也只是笑笑假裝沒看到，整個很無政府狀態。咖啡廳前的廣場邊有個小商店，我在那個商店買了一個拖車，有時可

爸爸的裝備借我戴一下。

以讓 Money 休息，有時可以放行李，十分省力及方便。

後來我們去到一個小城鎮（Portomarin），當天可能是學生們的畢業旅行，整的村莊、旅店都被畢業生佔據，到了晚上還有 DJ，放了整夜音樂，人山人海，無處可歇腳，所以我們又開始步行，直到清晨才在一處籃球場旁紮營休息。白天打球的人看到我們的帳篷都覺得不可思議，本來以為他們是來驅趕，結果是問我們要不要打一場球，而我也欣然與他們同樂。

在家名叫羅馬牛排的店，我們吃到了這輩子最好吃的牛排。在歐洲店內通常廚師最大，而廚師往往也是那家店的老闆，記得那時已經是晚上11點，我們遠赴盛名想品嚐美味，沒想到當時廚師正在接待另一組客人，轉頭就說今天已打烊，隔天我們不死心，中午就上前詢問，結果他看到我們知道我們昨天來過，今天又來試試運氣，立刻熱心招待我們、招待我們特別菜品，還跟我們聊天。他一組客人來，就是跟他聊到最後，每每客人有賓至如歸的感覺。

倒數第二天，這段路程闢建在高速公路橋的下方，著實走的比較辛苦，加上我們已經走了十二天共計三百多公里，難免有

籃球場紮營，我們的最愛。
#Molinaseca

些疲乏，腳也痠麻到不行。但越靠近市區，你會發現原先路上的貝殼指標漸漸變成一片空白，取而代之的是所有指標都會跟你說快到了。你逐漸不再寂寞，路邊商家越來越多，完成此次旅程的健行者也漸漸聚攏，你們彼此相望都有種共為一體的感覺，因為你們都是走完朝聖之路的人。

倒數十公里時，路上的旅店越來越多，彷彿從沙漠進到綠洲，沒想到時間過很快，走的當下都很硬險，但事後回來看這路程，你會驚訝於自己真的做到了，雖然你失去很多跟朋友夜夜笙歌的時間，但當下你會真正的感受到自己的身體，很感謝身邊的所有、謝謝 Money 的陪伴、謝謝這一路上的大大小小、感謝自己撐過來，最後一哩路，剩一千公尺時，真的很幸福。

從萊昂（Leon）出發，我們走了十四天共三百一十五公里到聖地亞哥德孔波斯特拉。

西班牙金毛牛　#Sarria

「Buen Camino」進入教堂區古城，我們遇到一堆觀光客，大家都穿得很光鮮亮麗，在教堂前瘋狂拍照留念，只有我們一身破爛。一看就與他人有別，當時許多人看到我們就會說這句話，我一直不懂是甚麼意思，直到回台後詢問懂說西班牙的朋友，他們才告訴我這句話的意思是「旅途愉快」。

走了兩週終於看到教堂，當下背包放著就躺在地上，仰著頭看它，根本不會想拍照，只想好好享受當下。當地各國旅客眾多，各國國旗隨著旅人拍照飄揚在眼前，伴隨背後

過了這座橋就到 Portomarin 囉！

壯觀的教堂，那一瞬間我彷彿理解為何人家說；朝聖之旅是一段贖罪之旅，在這裡所有存在都是這麼和諧的在一起，不分國家、種族、性別、大家都是受難者，活著本身就是種磨難，但走過這一遭一切都過去了，我們的罪被赦免，這一刻我們都一樣，我們都不再是罪人，而是以一個新生的姿態身而為人的活在這世上。進入聖地牙哥，因為是觀光區，物價根本不能跟一路上的小鎮相比，隨隨便便一份餐點就十五歐，物價很高。抵達終點後，我們待在聖地牙哥玩了兩天。

#Money：爸爸的腳腳　# 我們終於到囉！
#Santiago

＃朝聖之路終點　＃領朝聖證書

申請朝聖之路的證書要每日五點前申請，我們走到德孔波斯特拉當天時間已過，只能等隔日上午，申請之前還得先掃 Code 填資料再排隊，每日大約申請五十組，而我是八二三號，排著隊，之行交錯前進，當快輪到我時，那種興奮緊張之情油然而生，尤其是拿著證書出來看到那長長還在排隊的人龍，感覺真的很爽。我拿著自己與 Money 的證書去申請，看到我拿著兩本證書工作人員便詢問 Money 是誰，我說是我的狗，她原先說狗不行，後來我詢問他可否在我的證書後面加 Money 的名字，她才妥協。

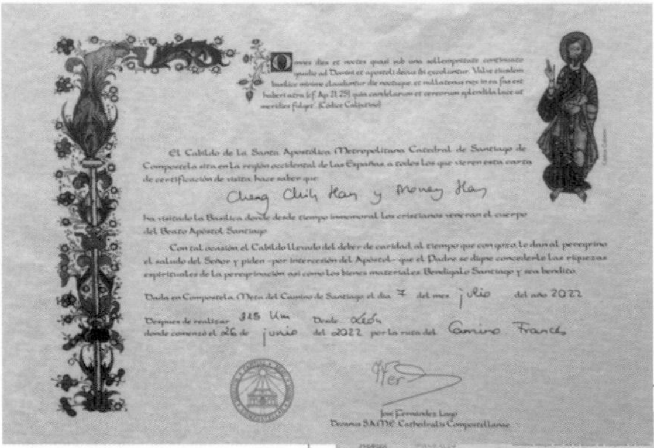
El Cabildo de la Santa Apostólica Metropolitana Catedral de Santiago de Compostela sita en la región occidental de las Españas a todos los que vieren esta carta de certificación de visita hace saber que

Cheng Chih Han y Money Han

ha visitado la Basílica donde desde tiempo inmemorial los cristianos veneran el cuerpo del Beato Apóstol Santiago

Con tal ocasión el Cabildo llevado del deber de caridad al tiempo que con gozo le dan al peregrino el saludo del Señor y piden -por intercesión del Apóstol- que el Padre se digne concederle las riquezas espirituales de la peregrinación así como los bienes materiales. Bendígale Santiago y sea bendito.

Dada en Compostela Meta del Camino de Santiago el día 7 del mes julio del año 2022

Despues de realizar 315 Km Desde León
donde comenzó el 26 de junio del 2022 por la ruta del Camino Francés

José Fernández Lago
Decanus SAMME Cathedralis Compostellanae

朝聖證書贖罪卷

朝聖護照
蓋滿我們路途的印章

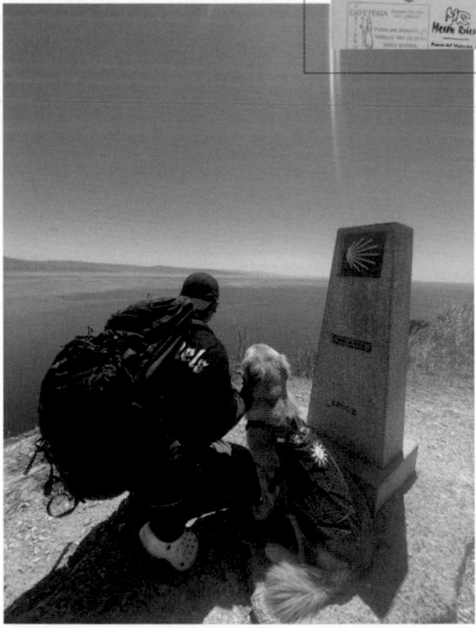

#Money：你看我的名字也在上面耶
每天辛苦蒐集的印章

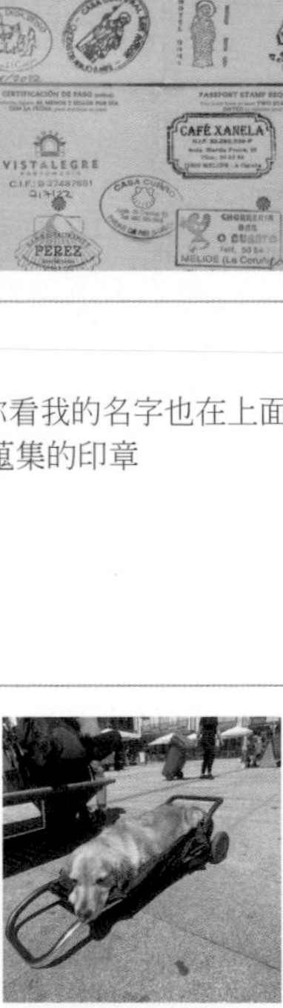

朝聖之路終點　# 頒證
台灣第一隻完成的狗

＃威尼斯

＃朗皮亞港

17、周遊：只要爸爸在，去哪都好

朝聖之路就像帶著Money散步於小道，只是距離比較長，兩旁的風景遼闊，所有的悲傷與之對比都顯得渺小。據說擁有朝聖證書的人，能被赦免一半的罪，獲得終生幸福與健康的保佑，如果在聖年完成徒步，則可以赦免全部的罪。路途大部分時間就是走路，許多我曾

巴塞隆納

阿姆斯特丹

經很在意或可能已經忘記卻還未放下的事情，又會浮上心頭，此時看著身旁無論何時都對我傻笑的Money，那些悲傷、背叛似乎也不再重要，茫茫世界、芸芸眾生，放下執念，獲得重生。

我希望帶 Money 去體驗這世界，他把自己無私的獻給我，所以我想盡我所能地帶給她同等的幸

聖馬可廣場

威尼斯大運河

福，原先我們有規劃要去爬太平洋屋脊，但因其串連的國家公園為數眾多，且不是每個國家公園允許狗進入，加上地勢十分崎嶇，對第一次挑戰的 Money 而言可能是個負擔，查詢許多資料後，才決定來到西班牙朝聖之路法國路段。

朝聖之路地形沒這麼複雜，對於動物來說是相

米蘭大教堂廣場

米拉之家 #Casa Mila

#Hollywood 環球影城

對友善的健行行程。結束後，我繼續帶著Money遊歷整個歐洲。

＃路易一世大橋

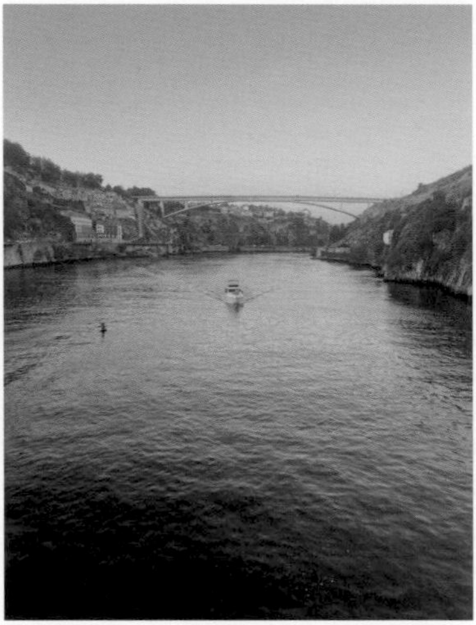

＃加亞新城

葡萄牙、波多：

全歐洲我認為風景最好的地方，在經歷朝聖之路的洗禮後，去到葡萄牙我們才下榻飯店，睽違十幾天後第一次上床，連Money都覺得很幸福，倒頭就睡。

葡萄牙：里斯本丁丁車

#Rio Douro

波多

里斯本 # 丁丁車

#Money 睡死了

蔚藍海岸 #Coto d″ Azur

朗皮亞港

法國、尼斯、朗皮亞港、黃金海岸：

愛玩水的 Money 在這玩得很開心，是全歐洲數一數二漂亮的沙岸，我們在這還看到世界上最貴的遊艇。

亞歷山大三世橋 #Alexandre-lll

法國尼斯

瑞士蘇黎世河邊

巴黎傷兵院廣場

#2008 LA Hollywood Bowl

#Marcus Miller　#2022 France Nice Jazz Festival

尼斯音樂節：

當我帶著Money參與法國尼斯的尼斯音樂(Nice Jazz Festival)時，竟碰巧遇上 Marcus Miller，我趕緊找個機會向他打招呼。

「嗨！大師我是（韓承志英文名），來自台灣，你還記得我嗎？」我說，大師看到我熱切地說他還記得：「那個台灣男孩嗎？」我聽了立馬熱烈盈眶，他依舊向當年一樣給予我鼓勵並合照，當天我們都穿著和十幾年前一樣的帽子，再次合照，恍如隔世。我永遠不會忘記那年夏天的敦敦教誨，無論他會不會看到我想跟他說：

「2008 vs 2022 after 14 years. We looks same and wears the same hat. Thanks theater, you are legend, I play all your music.」

18、國王：不可能的任務

這趟旅程一開始沒有規劃要去走國王小徑，直到八月九日和母親分別後，才臨時起意帶著 Money 去挑戰。每年知名品牌 Fjallraven 都會舉辦 Fjallraven Classic 國王小徑健行活動，號召世界各地健行者，來到該品牌的故鄉瑞典走一趟國王小徑之行，一開放報名就額滿，相當熱門。參加國王小徑需要購票，國外的山友們知道我有意願後，也鼎力相助，最終順利取得參賽資格。

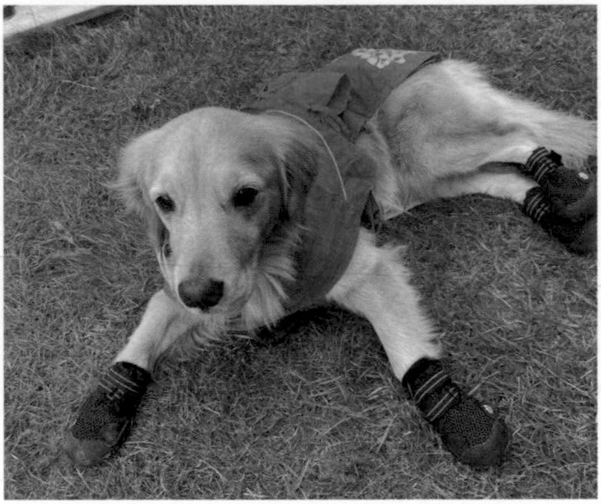

#Money 的鞋子　# 國王小徑
準備迎接各種地形挑戰

FJÄLL RÄVEN
Fjällräven
CLASSIC

國王小徑 Fjallraven Classic 是全球十大最美徒步路線之一，穿越路徑位於北極圈以北兩百公里的拉布蘭山區，史稱「國王之路」，意為「世界上最美的穿越線路」，全程呈現了拉布蘭純淨自然之中不同層次的風景。從最北邊的 Abisko 到南邊的 Hemavan，總長約四百四十公里，我們這次步行的路段是從瑞典南部薩米人的村莊 Nikkaluokta 村一直到 Kungsleden 山區，最終到達位於瑞典北部的 Abisko 國家公園，全長約莫一百一十公里。

外人都只知道這一路上會經過森林、沼澤、溪流、峽谷、高山、

湖泊等多種地形地貌，景色極美。但真正去爬還真不容易，一進山，七天旅途上，除了風景沿路什麼都沒有，別說商店，就連廁所也找不到，當你要解放時只能帶著湯匙大小的尖頭小鏟子，偷偷走到隱密的地方，挖個小洞隨地解放，事後還要好好把他用土埋起來，避免野生動物發現你的足跡，來找你麻煩。不過風景真的好的沒話說，五星級風景，一星級露天廁所。

另外，喝水也算是我們一大突破，一開始會顧忌路邊的水怎麼可以喝，他既沒過濾又沒殺菌，喝了會不會鬧肚子，但國王小徑一路上真的很荒涼，

#Money：爸爸先看看水深再讓我過

半家商店提供補給都沒有，為了不脫水我就嘗試了一下，沒想到那水冰涼甘甜很好喝，是雪山融化的水，回台後買了任何礦泉水都沒有那般香甜，因為沒有適當的容器，所以只能先借用 Money 的碗盛來喝。也不是路邊的水都可以喝，你得找活水，最好是從兩顆石縫間向下流淌，有點像小瀑布的流水才能喝，直接從河裡盛可能會揚起沙粒，口感及衛生不好。我身上會放一瓶一公升的飲用水，才不需一直停下來找水源，而且到最後十公里山腰路段，地形陡峭就算了，整段都幾乎沒有任何適合裝水的地方。

#Money：風景好美喔！

途中會經過七個檢查站，需要蓋章，紀錄到達時間，平均一天需重裝走二十到二十五公里，最終五天內抵達者可領取紀念獎章和臂章。我總共爬了爬一百一十小時又五分鐘完賽，大約四天半，排名第三十一分。

就像去走朝聖步道一樣，肩背三十公斤衣著帳篷，手推十幾公斤日用品、糧食，重裝之下一天還要走八到十二小時，低溫、下雨、寒風、急流、反覆朔溪，尤其沼澤地，一隻腳下去半隻腳在土裡，遇到大面積石頭路段，還容易拐傷腳；若

#Money：大岩石路，謝謝爸爸抱我。
這路是要怎麼走啦 .....

遇到連續上坡，那對體力消耗更是不敢想像，行李搬上搬下，我還得注意 Money 跟身邊人的安全，遇到石頭太多的路段還得把 Money 抱起來，深怕他的肉墊受傷感染，時不時要給予鼓勵，告訴他就快到了，實際上我連自己在哪都不知道，只知道在對的路上。儘管路途非常艱辛，但道路兩邊令人嘆為觀止的美景，也不時讓人心情為之振奮。

走朝聖之路時，前面的路段幾乎沒什麼人，到最後一哩路人潮才

#Kebnekaise

聚集，反而國王小徑四處都有參賽選手及工作人員，因為是去比賽，每個選手身上都有一條橘色布條作為分辨選手跟遊客的組織標記，Money 身上也有綁，而且每兩個小都有工作人員會經過你身邊，給你軟糖，順帶問「Are you ok?」你好不好，身體狀況如何，你回答沒事後，他會用很有朝氣的聲音跟你說「Ok,see you」跟我爬到快斷氣神情做了非常大的對比，彷彿我們走在不同的國王小徑上，對他來說這段路他很熟悉，時常走所以如郊遊般輕鬆，而我只能默默閉嘴繼續抬腿。

#Money：最喜歡過河　#Singi

第一天走沒兩公里就有漢堡車，害我以為到了蓋章處就可以休息，結果走到底都沒有其他房子或商店，看到的房子都是山屋。山屋分兩種，救難所跟飯店，救難所是給遇到太大風雨無法搭帳篷時使用的，用於臨時急難，而飯店就像上述所講，是旅人專用，無論哪種都與我無關，看到後就又繼續走。

#Money：我的狀況良好　#Salka

本想這趟旅程應該跟朝聖之路一樣會很輕鬆，結果第二天才發現比賽是有時間限制的，必須配速配距，所以第二天直接走了一站半的距離，等於第一天我們才走七、八公里，第二天直接飆了二十二公里，後面幾天每天也都

走二十五公里左右，走到面無表情、懷疑人生。

前三天天氣都很好，雖然辛苦，但沿途美景真的很療癒，但到了第四天，說巧不巧遇到暴風雨，加上地勢關係得跨越一顆又一顆的巨石，要跨很大步才能通行，腳底甚至無法走平，就像在走十小時的大型健康步道，連配合度很高的 Money 都直接躺下不想在走任何一步。

我跟 Money 幾乎全濕，我們一人一狗走到全身發抖，腳都很痛，還

#Abisko

#Alesjaure

#ABISKO NATIONAL PARK

好我跟 Money 心靈相通，他也想陪我走完這段路，連哄帶背，我們終於度過最辛苦的一天，也幸好整段路程只有那天氣不好。

最後一天天氣很好，路上都有山屋，可以提供旅客度假看日出，而且山屋有溫泉，原先最後一天因淋雨，想說入住山屋沖洗一下，順道泡個溫泉，沒想到問了工作人員，他們的回答一如既往輕鬆。

「喔！你想泡溫泉，可以啊！但會被取消資格喔，你把護照給我登記一下。」都到最後一天，我們怎麼可能放棄，回絕後鼻子摸摸又繼續健行，我們就這樣完成這次艱難的旅程。

#Money 與香菇　　# 芬蘭的好朋友

無論天涯海角，我都陪著你

--Money

#Tjakta

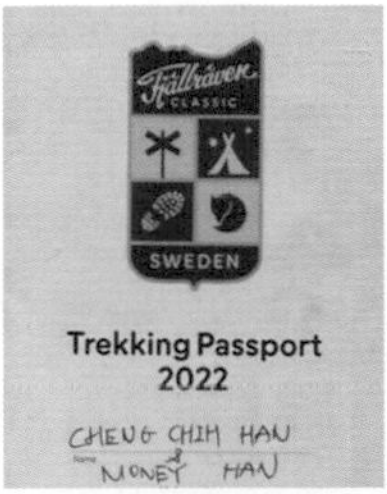

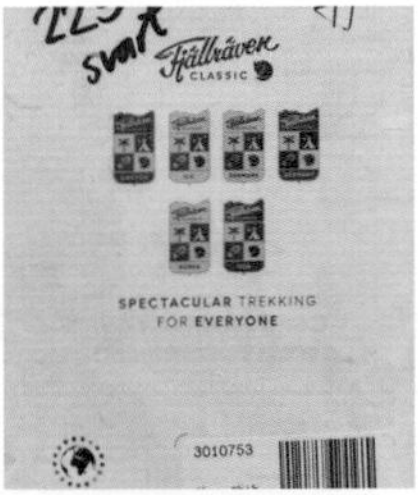

#感謝頒獎　#國王小徑證書 get　#台灣第一隻完成的狗　#The king's trail

19、幸運：理想有時也會很遙遠

原先我們想繼續往巴爾幹半島旅行，結果第二站克羅埃西亞就碰釘子。依據我國外交部領事事務局公告，克羅埃西亞為歐盟國家但非申根國家。所謂申根國的意思是：進出這一區域需要經過邊境管制，但該條約成員國家之間取消邊境管制，持有任意成員國有效身份證或簽證的人可以在所有成員國境內自由流動不用重辦簽證。偏偏克羅埃西亞不在申根區範圍，所以當你入境克羅埃西亞後，就需要重新辦簽

#Money
濱海波利尼亞諾
義大利法蘭克福

蘇黎世

哥本哈根

證並受該國邊境管制。

原先預計九十天內回台灣，但因Money回台灣的一些資料需要提前30天申請，而我到回國那一天才送審，故又多滯留歐洲二十天左右。當地法律規定外國人在歐洲每6個月期間內以免簽證多次入境停留至多90天（不含緊急、臨時、其他非正式護照或旅行文件），偏偏我

#Christiania # 自由之城

尼斯

們是臨時延期，故不在法規規範內，所以當半夜三點，我們開著夜車進入克羅埃西亞境內，立刻被警察檢查護照跟叫下車，當時我們都不知道發生什麼事，是事後才釐清。

警察先是看了看護照，語氣平和地問說知不知道我們的簽證已經過期違法了，可能會繳納巨額的罰鍰並得先滯留在克羅埃西亞三個月後才能返回歐洲，當下一聽違法且必須滯留於此，一時間如晴天霹靂不知該如何是好，偏偏我們是一週後從法蘭克福出發的班機，必須回德國才行，但能怎麼辦，違法就是違法。且當時已半夜三點，人生地不熟，正當我們可憐巴巴的詢問員警哪邊有提款機準備領錢接受命運時，另一位主管走出來，看了看我們的證件，又看了看從車窗探出頭叫了一聲的Money，或許是他當天心情好，竟然搖搖手叫我們快回去，他會假裝沒看到，我們一聽立刻開車掉頭離開。

現在回想真的好驚險，差點就回不來了，真的很感謝後來那位主管不再刁難，也幸好我們是半夜過去，路上沒人他才能給予通融，否則平日入境的車輛那麼多，我可能真的得打算在克羅埃西亞再買棟房子，等待三個月，不然這又是另一個故事。

療癒之旅
一段關於毛小孩、陪伴與自我和解的故事

尼斯

布達佩斯

#Mont Saint-Michel　# 聖米歇爾山

慕尼黑

布達佩斯　# 紅牛 F1

賽馬場

荷蘭　#Not War　# 比利時

芬蘭　# 聖誕老人村

卡斯泰拉納格羅泰

法蘭克福

Golden Trip 黃金之旅：
一段關於毛小孩、陪伴與自我和解的故事

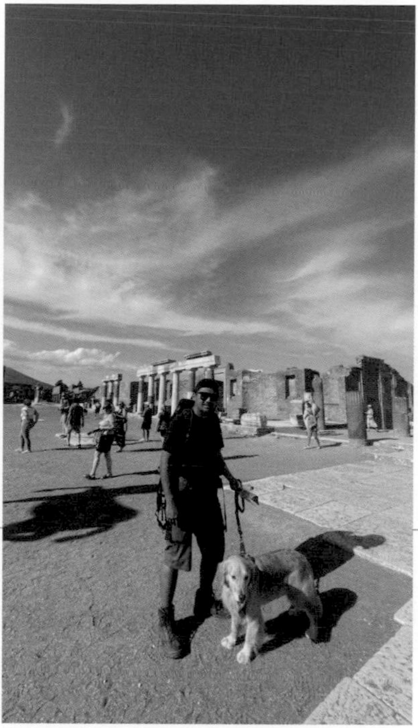

\# 龐貝古城

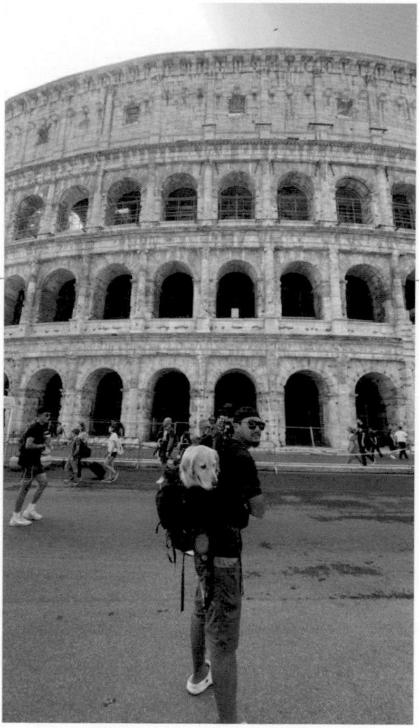

\# 羅馬競技場

Trekking Passport
2022
完成證明
2673
1585

第四章　總會有些好時候

20、放下：迎接下一個起點

我與 Money 心有靈犀，從小我教育他的方式很強調重頭到尾仔細解釋原由，以及我為何執行，所以他知道我在做什麼，也知道我為何這樣做，因為我都會跟他說明我作為背後的想法，所以她什麼都聽得懂。

Money 是僅存我信任的人，也是我生命的延續，同時他也是一

聖馬可廣場
錫耶那天主堂

#比薩斜塔

#North Face 100 夜跑完賽

隻很有靈性的狗，若他做了或準備要做一些危險的事，例如要奔跑到馬路中間，當下或事後我跟他說不行，下次她就會知道這件事不行，爸爸說的話他都會記得，也都聽得懂我的指令，在外旅遊，有時為了掩人耳目，需要將她放在背包裡時，她也會乖乖不發出聲音，不吵不鬧的陪伴，我不在身邊她就

#星光馬拉松半馬完賽

絕食抗議，非要我在她身邊才會恢復正常。

這趟旅程，我們經歷了朝聖之路以及國王小徑，朝聖之路使我們重新培養默契，過去的我為了工作，整日焦頭爛額。事過境遷，卻發現身邊唯一留在我身邊、陪著我不離不棄的就是 Money。

Money 不是不會累，但為了陪著，他才走完這段路，無論多遠，他總跟在我身邊。朝聖之路後，我帶著他遊歷整個歐洲，並在其中持續訓練與調整，最後一刻才決定去挑戰國王小徑，希望此程不留遺憾。

獲得佳績是後話，此段旅程，尤其是國王小徑，真的很艱難，若沒有 Money 和我心連心是不可能走完的，所以這些獎項對我們意義非凡，重點不是得獎，獎項只是一個紀錄，紀錄我們一起完成的所有新鮮事，這些對我跟 Money 都是一個新的體悟，這一路上因為有他陪著我，而我也領著他，所以在遇到挫折打擊時，我們才能勇敢的一起面對那些傷害。

完賽獎品爸爸抱抱

#Pop Radio　# 受訪　# 美女主持人林書煒

看棒球　　# 紅牛飛行日

#Money　# 大都降解　# 單車潑水派對

#Money　# 五歲生日

#Money　# 獎狀山

21、內在：無法拘束的靈魂

事件後我沉寂許久，內心一直難以釋懷，後來選擇去爬山，不是因為我熱愛山林、喜歡大自然，而是我在尋找一個證明自己的方式，嘗試跟自己和解、讓自己釋懷。我的旅程，其實是一段自我救贖，原諒自己，和自己和解，然後重新開始。人生中本來就有各種悲痛、起起落落，多數人也許是硬撐下去堅強面對，有些人卻始終無法走出

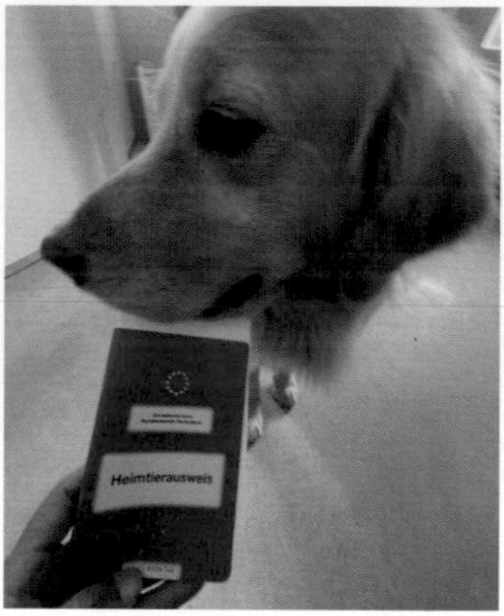

坐火車
歐盟護照

濱海波利尼亞諾

來，當一切都墜落谷底，其實能拯救自己的終究只有自己。

家族治療大師海靈格（Bert Hellinger）有一句很著名，我也很喜歡的話，他說：「沒有不能原諒的事情，只有不願意原諒的人。」一直以來，我總是對自己太過嚴苛，肩上永遠背負著沉甸甸的壓力，把自己逼得太緊，常常想著不成功便成仁，最後卻什麼也沒有得到。

過去的我，總是習慣成為所有鎂光燈的焦點，但一個錯誤的判斷，讓我積累多年的信譽毀於一旦，我真的非常不甘心。這件事遠遠

米開朗基羅廣場

超過了當時的我所能承受的範圍，讓我萬念俱灰，所以通過登山、追求過去的我辦不到的事情，重新證明自己的價值、得到重新站起來的勇氣。

面對挫折打擊，有些人逃避、有些人互罵，有些人昇華，而我選擇面對、放下。和多數人一樣，我在求學階段也曾背過《孟子告子下》中最經典的那一段：「天將降大任於斯人也，必先苦其心志，勞其筋骨，餓其體膚，空乏其身，行拂亂其所為，所以動心忍性，曾益其所不能。」也知道這句話是在說，逆境

聖切薩廖蘇爾帕納羅

是磨練，為了讓我們有機會成長闖出更大的事業。

但是當時年紀不夠、閱歷不夠，我以為我讀懂了孟子在說什麼，今天回頭來看，當時只是自以為自己懂了，其實什麼都不知道，如今事過境遷，我才稍微體悟到這句話真正的含義。

如果一切重來，我不會再追求那些奢華的物質生活，藉著爬山，我體驗真正心靈的富足，努力學習活在當下、珍惜身邊的人，而那些當下則會成為你的人生。就像太空人在宇宙回看地球，人類渺小的就像一顆沙子，在浩大的宇宙中，我們何嘗不是滄海一粟。回看我至今

威尼斯

為止的人生，只有對的人，沒有對的事，重點並不是對所有人好，而是找到自己能夠為之付出的對象，對我而言那個人就是Money。

過去的一切，都將成為現在的養分，我會找到自己的使命，讓內在重新變得充實。自己還沒死亡，為了將來能前往到更高的階段，我現在已經能釋懷。當一切都調整好時，我又可重新出發，現在對我而言不是句號而是個分號，好讓我跳轉到人生的下一階段。

挫折打擊是老天給我的考驗，感謝這些人，讓我從一個音樂人走到現在，一個一個歷練讓我到

濱海波利尼亞諾

現在。我想告訴將來的人，當你遇到這樣巨大的挫折時，不要害怕挑戰；挑戰就是讓你痛苦，等你再次站起來，一定能跳得更高、更遠、更輝煌。

#Venice Taxi　# 威尼斯

我也知道這並不容易，但是沒關係，告訴自己慢慢來，這便是我寫這本書，想傳達給讀者的訊息，人都會受傷無助，如何從怨恨中釋懷，趨於豁達，找到對你來說真正重要人事物，這才是最重要的事。

積累跟釋放才能感覺自己活著，保持飢餓感，讓自己在糟糕的狀態，才能對生活更有美好感受。人都會有存在焦慮，早期我認為光鮮

馬特拉

的衣服、豪車好房子才能交到朋友，穩固名聲，戴上一個商業的面具，事情發生後我開始挑戰極限，冒險尋求自己的價值，過程中我漸漸將這些物質欲望放下，有空就帶著 Money 到處走走，吃什麼用什麼都不是重點，重點是跟著願意相信自己的人事物，這才是最自在的事。

在 Money 有生之年，我們會持續挑戰自己的人生，遇到挫折打擊，有些人會一蹶不振，但經歷這一切，我就像浴血鳳凰死而重生，做任何事都不再有顧慮，就像十九歲那年不顧一切在美國各地遊歷只為學好 Bass，我彷彿又回到那個自由的時期，想做甚麼都去體驗。

Money 給了我幸福，而我也想盡我所能給她幸福，她對我的好，讓我肯定這世界，當你找到生活的重心時，自然會找到生活的自信。過去那些被人傷害而有所顧慮的日子，如過眼雲煙，現在的無所顧慮是因為我已經回到最好的狀態，我已經有個歸宿。

#Los Angeles BIG 5 Marathon

#Vessel

華爾街金牛

#Seven Magic Mountain

自由女神

#Time Square

布魯克林大橋

結冰的中央公園 # 我最喜歡玩球的地方
#Central Park

#Santa Monica Venice Beach

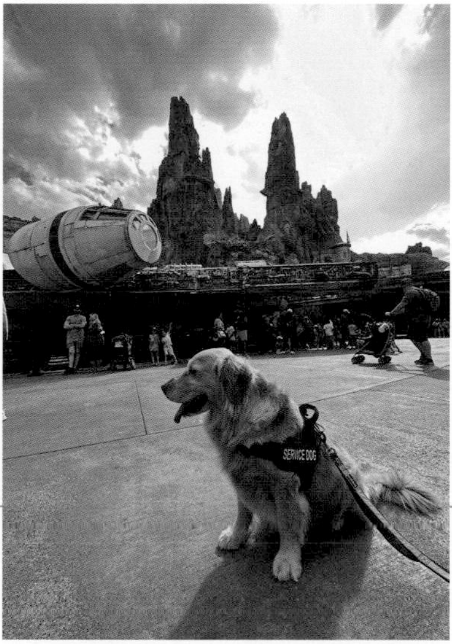

#Miami Disneyland　#Star Wars

#2023 時代廣場跨年　# 我們等了 15 小時

22、祝福：除了 Money 之外

我的父親韓丙凡；韓媽媽訪談

承志這個孩子非常善良，也很正直，這一些特質和他爺爺，也就是我父親韓丙凡將軍非常相似，這就是我們韓家人代代相傳的特質，我相信承志的孩子一定也會是個善良正直的人。

承志從小就是一個長相清秀的孩子，頭腦聰明反應快，邏輯好，對三度的立體空間有更好的創造力，也是個擇善固執的孩子，從小就很專注，玩音樂、畫畫、打籃球，勞作都紮紮實實地下功夫學習。他是一個對朋友同事很大量的人，認真學習，再苦再累也不抱怨，被打擊了，就療傷、重整心情再爬起來，從小到大很多時候，反而是他在

照顧著我，他總說要當我們韓家的驕傲，是的，他是的。

善良、有愛心又勤奮工作，承志是媽媽的驕傲！總是掏心掏肺的對人好，幫助同仁事業成功、賺到錢，卻被有心人士一再詐騙，看在媽媽的眼裡真是又心疼又不平。經過這次的教訓，他一定再次會修正自己的思維。承志是一個有智慧、有善良根基的人，所有的經歷都會成為成就自己的養分，經過了徒步爬聖山，接近大自然與靈性的提昇，遇見了更好的自己。

媽媽祝福承志自在豁達，做最好的自己。

#Money 和爸爸及奶奶　# 布魯塞爾

情義相挺的朋友：CIA 訪談

爬完聖母峰之後，從朋友的角度來看，他的個性改變了許多，以前他給人很大的壓迫感，現在他把他的心胸放開闊很多。遭受這麼大的打擊他內心其實很不好受，或許是爬山也或許是這本書，都讓他的心情得以抒發，有一個可以透氣的窗口。

我是從頭到尾都陪著他的人，他最輝煌的時候我們夜夜笙歌，常常辦聚會，曾經整間辦公室都被擠到水泄不通，他過生日時，屋內擠滿上百人，屋外停了五十多台超級跑車，熱鬧到連警察都來關心，我們還請員工在外面，協助指揮交通。

雖然我跟承志是兄弟，但對我而言，在事業上他就是老闆，而我是員工。他是個太重義氣的人，就算是對方是廢物，只要是他兄弟他也會養對方，他把對方當成家人、把員工當成家人，但對方卻不把他當家人。

他成功的原因跟失敗的原因是同一個，就是太相信別人，但對公司而言，你需要專業分工，而不是感情用事。

對我來說，過去當我挫折時，他也曾經支持我，他現在有需要，我會繼續陪伴他。藉由爬山，他把自己關機，但同時，他在其中療癒了他自己，我祝福他。

#Cia　#好兄弟

好人不濫，掌握關係的分際；黃尚老師訪談

從事數學教育近三十年，認識承志，也近二十年了。我們不常聯絡，但保持聯繫，逢年過節也會相互問候。教學生涯數十載，學生來來去去，人走茶涼，許多學生都在畢業後就斷了音訊。但我和承志在彼此的生命中，都給對方留下了重要的位置。隨著年齡與人生閱歷的增長，我們從原本的師生關係，成了現在的忘年之交。看著他由學生到進入社會，看著他在事業上取後亮眼的成就，看著他樓起，也看著他樓塌。

印象中的承志，聰慧敏捷、反應快，對於所喜愛、熱衷的事物，總能憑藉著天賦，很快的取得成就。但相較於其他事情，非不能也，實不為也。有一回我正在開車，接到承志的電話：「老師，我想問你幾題高中數學問題，明天要測驗。」於是我把腦袋中組織的計算過程，透過電話一題一題講解給他聽。他在電話的那頭邊筆記、邊提問，就這麼一題一題的學了起來。沒有平板，沒有視訊，單單透過電話講述教學，就讓他隔天的數學測驗取得令人滿意的成績。讀書這檔事兒，不是他能不能，就看他要不要。

認識承志二十年，根據我的觀察，他的性格樂觀善良，重信守諾，凡事感恩，一直都是如此。對事積極、勇於挑戰，總會努力地把危機變為轉機。他年紀輕輕就走遍世界，擁有國際視野。他相信自己的判斷力和執行力，擇善固執不服輸，所以，他的成就比我大得多！但也因為承志總把人性想得太美好，對於自己的判斷力太過有自信，反而一再的被欺騙、被坑害。

承志的抗壓性很強，有很好的風險承擔能力。遇到挫折，會身先士卒，帶領著大夥一起努力；若困難無法突破，也會激勵大家，並及時做好停損。但並不是每個人都有這樣的抗壓性，也不是每個人願意相信會有轉機。於是，有人中途退縮，有人陽奉陰違，有人動了貪念、起了私心，造成了一次又一次的傷害和損失。傷害他的人，都是曾經他所相信的人。

善良沒有極限你要相信，邪惡沒有極限你也要相信。

作為他的兄弟，我希望他對別人的好，要有底線，不然別人對你

黃尚數學　# 黃尚老師　# 人稱老大

的壞也會毫無底線。

我們需要建立友誼、需要家庭、需要親情，也需要被人關注，承志也一樣。我們都在努力建立屬於自己「不可取代的被利用價值。」

但我希望，未來他在和新的夥伴相處時，可以更明確地劃出關係的界線。尤其是有利益關係的工作夥伴，更為重要。人跟人之間，唯有明晰界限（Clear Boundaries）才是分工以及合作的基礎，拿捏清楚人與人之間相處的分際，避免在不知不覺中跨越別人所設下的界線。

希望在經歷過這麼多事情之後，所有的經驗和挫折都能變成他的養份，祝福他走得更穩更遠。

謙虛敬重，終身學習；嚴安禎會長訪談

我玩車這麼多年，印象之中，只有兩個人曾經跟我交換名片，其中一個就是承志。

記得當時我正在回家路上，承志看見我的麥拉倫，十分積極地和我攀談，一開始我沒想太多，只覺得這個年輕人很有上進心，後來又遇到他，一聊起來，才記起有這麼一件事情。

民國一〇三年（二〇一四）我和一群朋友成立了台灣馬卡龍車隊，承蒙大家抬舉，讓我當創會會長，也積極投入隊務運作，車隊一開始成立宗旨，自然不是投入公益，而是組團出遊，多數會員都會保持低調，互相約定不許在道路上競速駕駛，杜絕一切違法行為，維護車隊正面形象。

後來在眾多幹部的建議，以及積極運作下，我們開始參與慈善活動，主動地捐出善款及物資，提供實質幫助給有需要的團體，也會定期舉辦慈善園遊會，盡棉薄之力，做回饋社會的事情。

承志後來受邀加入車隊，也是因為能夠很認同我們的理念，他當時打算買一輛藍寶基尼，向我請益相關手續，以及應該要注意哪些細節，這種事情經常發生，我們的會員大家應該都遇過。

這些想買車年輕人，多半只是講講，意淫一下，我常說我們是玩車的，不是給車玩，超跑折舊與維修價格高昂，更別提油錢，一公升跑不到六公里，用來買菜、通勤，接送孩子，不太現實。

要擁有一輛超級跑車，首先在經濟上，我們得要先負擔得起生活，照顧得了父母妻兒，有餘力才來買車，買車應該就像買玩具一樣，不要打腫臉充胖子，你愛車，就要先有照顧好車子的能力。

沒想到承志不只說，他還做了，好奇之下，我就約他出來聊聊天，大家認識一下。

見面後，第一印象果然很年輕，還不到三十歲，只是個小伙子，當時承志在做地產，一年可以賣出上百棟房子，他是個很有企圖心、行動力極強的年輕人，我們身邊像他這樣的人真的不多。

馬卡龍車隊的 VIP 會員，目前只有七十多位而已，承志就是其中一個。

在我們車隊中，也不諱言，在他這個年紀小有成就的，大部分是家裡有靠山，就是我們常說的二代、二世祖，白手起家的故事，現在很少了，像他這樣沒有後台的年輕人，真的是苦出身。

我們玩車的，都會鼓勵年輕人有夢想，現在年輕人比較安逸，不像我們那代人人都想當老闆，我們希望年輕人要有點追求，堅持奮鬥，不要無欲無求，總是躺平過日子。

我們台灣人，礙於傳統觀念，買超跑、奢侈品，時常被視為鋪張浪費或炫富行為，使真正喜歡的人不敢主動去追求自己喜歡的事物。

從經濟學的角度來說，財富必須保持流動，大家不花錢，就是經濟衰退。大家要花錢，經濟才會繁榮，奢侈品市場其實有許多正面意義，贊比亞修女 Mary Jucunda 給 NASA（美國太空總署）Marshall 太空航行中心的科學副總監 Ernst Stuhlinger 博士寫信的故事，很多人都有聽說過。

同樣的案例，超跑的設計研發，對於整體汽車工業的發展是有帶動意義的，而汽車工業的進步也會促進許多相關的產業發展，進而帶動整體經濟，買超跑帶動社會經濟，這並不是一句空話。

退一萬步來說，大家都有喜歡的東西，我們不應該因為對方做了些不合乎大眾看法的事情，就任意評價對方，汙名化超跑。花錢沒有錯，讓人討厭的是態度，我們不應該因為有錢而驕傲，反而越有錢就該越謙虛、越客氣，如果你對人不客氣、不尊重別人，別人自然不會尊重你。

小韓這次遇到這個關，以一個大哥的角度來看，還沒跌太慘，生活和事業一樣，有起起伏伏、跌跌撞撞，再正常不過，年輕就是本錢，還有很多次機會，我相信他很快就會再站起來。

做事業最重要的就是培養一個堅強的內心，事業也好、感情也罷，不要為了一棵樹，吊死一片森林，我覺得這個小朋友是個可造之材，跌倒就躺著很容易，爬起來才是真本事。

馬卡龍車隊　# 嚴安真會長

技術、學術、藝術的結合；陳元平老師訪談

跟承志第一次見面，當時我在小酒吧演出，他是台下的觀眾。小酒吧內，舞台與觀眾的距離很近，我站在台上，常常看到他坐在最靠近我彈奏位置的一個固定位置，聚精會神地盯著我的動作，看得相當專注，我看他幾乎每天來，就在某次表演結束後，主動和他聊了幾句。

承志說他也是一個 Bass 手，想跟著我學藝。

一開始，我以為有其他老師在指導他，便拒絕了，結果他還是天天來，才發現是誤會一場。原先我是不收徒弟的，當年，做我們這一行，有些不成文的潛規則，年輕人想要入行，得先拜入某個小有成就的業師門下，讓老師帶你入門，才有門可進。

這個業界當時還算是相當封閉的，如果沒有透過這層關係，再厲害可能也進不來，想當職業樂手的人很多，除了實力，機緣也很重要。

我必須說，承志是我指導的學生之中，數一數二聰明的一位，是非常有天份的類型。他學得快、領悟力又高，常常舉一反三，對音樂的敏感度也十分足夠，教他很輕鬆，除了指法基本功，和相關的樂理知識之外，我基本會用討論及分享的方式，解決他遇到的困難。

我教學時，習慣用引導的方式，而不是一個口令一個動作，按照不同的人、不同的情況，調整教學的方式，每個人領悟力不同，理解的時間也不同，身體構造不同，適合的彈奏姿勢也都不一樣。

我認為教學相長，人家向我學習同時，也可能遇到我也不懂的困難，我們一起面對、一起討論、一起成長。現在回想起來，我遇到承志時，他的演奏超過同儕太多，沒辦法跟同學玩在一起，需要進入職業舞台，才能找到同伴，有更大的進步空間。

澳門的工作，一開始是要找我去，當年我剛發片，有半年的宣傳期，一時走不開，對方退而求其次，希望我推薦一位徒弟，要我最好的學生，我第一時間想到的就是承志。

讓他出去闖一闖，不怕砸了我的招牌，當時他已經羽翼漸豐，有足夠的實力登台，做演唱會的伴奏、以及進錄音棚錄專輯的程度，這對當時的職業樂手，說算是最高的殊榮。

學做音樂，也要懂得學做人，許多人夢想進入這個行業，站在高於地面的舞台上，聚光燈全部打在身上時，那一剎那，你會有種Superstar 的錯覺，感覺自己很特別，是萬眾矚目的超級巨星。

站上更大的舞台、得到更多掌聲，觀眾熱烈的眼神，這種成就感是無與倫比的。

要走音樂這條路，我覺得可以分成：藝術、學術、技術，三點來討論。

藝術你想怎麼做都可以；學術要有一脈相承；技術需要大量練習累積；三者必須同時兼顧，才能走得更遠，過度強調技術，缺乏藝術跟美學的能力，只會變成低水準的重複，同樣的道理，強調學術而缺乏技術練習，就會變成只剩一張嘴的老油條。

練琴至今三十多年，每天規律練習六小時，通過足夠的練習強度來支撐琴藝，我認為一定有人比我更努力，如果因為一時的成功而驕傲，就失去成長的空間，謙虛才能繼續進步。

對我來說知識不會改變，但技術會改變，擁有讓學生信服的技術很重要，他們需要一個崇拜的對象、有一個目標，才能在這條路上越走越遠。

現在職業樂手越來越少，電視台製作節目的預算，僅有過去十分之一，很多原本應該需要現場樂團的節目，現在根本沒有辦法請專業的樂團來做一集好節目，職業樂手上升的機會消失，整個生態就陷入惡性循環。

年輕一代沒有學術可以繼承，靜下心來好好練習的也少了，加上自媒體的空前發達，有流量就代表有收入、自然也代表成功，沒有人思考對自己而言，成功的定義是什麼。

流量會導致迷失，年輕一輩的網路名人沒有前輩可以請教、學習，遇到瓶頸和極限時，沒有人告訴你該如何突破，你只能在不斷嘗試中消耗殆盡。網路很現實，會給予，也會奪取。

對我而言，每個階段想要的東西都不一樣，會一直改變。音樂人最有成就的時刻不是得獎，而是找到志同道合的樂手並一起創作音樂，這才是最享受的事情。

要攀比永遠攀比不完，會一直有更大、更遠的目標，為了達到目標反而不快樂，找到一群程度差不多的人，一起完成一件事才是無可取代的。

最後，祝福承志出書，也祝福他繼續信仰音樂。

#Bass 大師　# 陳元平老師

國家圖書館出版品預行編目(CIP)資料

Golden Trip黃金之旅 : 一段關於毛小孩、陪伴與自我和解的故事 / 韓承志口述 ; 邱靖雄總編輯. -- 初版. -- 臺北市 : 橋樑文化工作室, 2023.10
面 ; 公分
ISBN 978-986-06280-7-4(平裝)

1.CST: 旅遊文學 2.CST: 世界地理

719 112001969

《Golden Trip黃金之旅》一段關於毛小孩、陪伴與自我和解的故事

口　　述　韓承志
總 編 輯　邱靖雄
責任編輯　許舜合　張淑宣
稿件校對　王資升　侯英豪
版面設計　毛慧瑩
美術設計　小豹設計事務所
出　　版　橋樑文化
橋樑文化出版社
10356臺北市大同區寧夏路十一號十二樓之十五
電話:(886)0919-467-398傳真:(04)722-6938
E-maill:air12678@gmail.com
帳號:812-2056-1000-1279-79
網站:https://bridgc.weebly.com/
代理經銷　白象文化事業有限公司
401 台中市東區和平街228巷44號
電話:(04)2220-8589 傳真:(04)2220-8505
初版一刷　2023年10月
定　　價　新臺幣500元
I S B N　978-986-06280-7-4(平裝)